Julia Felicitas Allmann

40 KLEINE & GROẞE WELTRETTER-PROJEKTE

FÜR DIE SEK I

Ausgearbeitete Ideen für mehr UMWELTSCHUTZ und NACHHALTIGKEIT im Alltag

Verlag an der Ruhr

IMPRESSUM

Titel

40 kleine & große Weltretter-Projekte für die Sek I
Ausgearbeitete Ideen für mehr Umweltschutz und Nachhaltigkeit im Alltag

Autorin

Julia Felicitas Allmann

Umschlagmotive und Illustrationen Innenteil (wenn nicht anders angegeben)

© SaimonSailent – Shutterstock.com

Lektorat

Corina Altmann

Druck

AZ Druck und Datentechnik GmbH, Kempten, DE

Verlag an der Ruhr
Mülheim an der Ruhr
www.verlagruhr.de

Geeignet für die Klassen 5–10

ISBN 978-3-8346-4695-8

INHALTSVERZEICHNIS

UMWELTFREUNDLICH ESSEN UND TRINKEN

TIERE UND UMWELT

MÜLLVERMEIDUNG UND RECYCLING

WISSEN VERBREITEN

NACHHALTIGER KONSUM

VORWORT

Wie geht es in der **Klimakrise** weiter – und ist die Welt, wie wir sie kennen, noch zu retten? Diese Fragen beschäftigen die heutige Generation der Schüler*innen, das zeigt unter anderem die „Fridays for Future"-Bewegung. Sie fordert ein Umdenken der Politik, um den Klimawandel aufzuhalten und die Erderwärmung auf unter 1,5 Grad Celsius zu begrenzen. Doch so wichtig die großen, globalen Maßnahmen sind: Auch jede*r Einzelne hat etwas in der Hand, um gegen extreme Dürren, verheerende Waldbrände, schmelzende Eisflächen und das Aussterben vieler Tierarten zu kämpfen. Das vorliegende Buch stellt Ihnen **Umweltprojekte** vor, mit denen Schüler*innen im Rahmen ihrer eigenen Möglichkeiten aktiv werden können: Sie machen das **Schulgelände grüner** und **insektenfreundlicher**. Sie überdenken den eigenen Konsum und erhalten Orientierung für künftige Kaufentscheidungen. Sie werden zu eigenen **Kleidertausch-Events** und **Charity-Flohmärkten** inspiriert, sie starten **Informationskampagnen**, um an der Schule über Palmöl und umweltschädliches Serienstreaming aufzuklären. Sie reduzieren den Verbrauch von Einwegbechern und zeigen der ganzen Schule, wie gut eine **klimafreundliche Ernährung** in der Pause schmecken kann. All das geschieht in kleinen und weitgehend unkomplizierten Projekten, für die keine Vorkenntnisse erforderlich sind – die in der Summe aber einen großen Effekt haben können.

WELCHES PROJEKT PASST ZU IHRER SCHULE?

Sie finden im Folgenden Projekte aus den Bereichen **„Umweltfreundlich essen und trinken", „Tiere und Umwelt", „Müllvermeidung und Recycling", „Wissen verbreiten"** sowie **„Nachhaltiger Konsum"**. Sie können diese Aktionen in verschiedenen Schulfächern durchführen und dabei einzelne **Maßnahmen** umsetzen oder mehrere in einer **Projektserie** oder **Aktionswoche** kombinieren. Teilweise bieten sich Anschlussprojekte aus einem anderen Themenbereich an – dann finden Sie den entsprechenden Verweis zum jeweiligen Angebot. Welches Projekt zu Ihren Lehrinhalten passt, hängt natürlich auch von den Voraussetzungen an Ihrer Schule ab. Vielleicht ist das Mülltrennkonzept bei Ihnen bereits optimiert, aber Sie möchten gerne Upcycling-Projekte fürs Klassenzimmer durchführen? Vielleicht ist der Schulgarten bereits ein Paradies für Bienen und Schmetterlinge, doch die Schüler*innen könnten ihr Wissen über Fair Fashion und Lebensmittelsiegel erweitern? Wählen Sie die Projekte aus, die zu Ihnen, den Interessen der Schüler*innen und den Rahmenbedingungen an Ihrer Schule passen.

WAS SIE IN DEN KAPITELN ERWARTET

Jedes Kapitel beginnt mit einer Zusammenfassung der wichtigsten Hintergrundinformationen, damit Sie das Basiswissen zum Nutzen der Projekte vorliegen haben. Hierbei geht es z. B. um den Vorteil pflanzlicher Milchalternativen, die Umweltbelastungen durch abgefülltes Mineralwasser oder die Menge an Mikroplastik, die wir alle täglich aufnehmen. Welches **Material** Sie für das jeweilige Projekt benötigen, zu welcher **Jahrgangsstufe** es passt und welche **Dauer** Sie einplanen sollten, ist in jedem Kapitel übersichtlich aufgeführt – genau wie praktische Extra-Tipps oder Internetadressen, unter denen Sie weitere Informationen finden, wenn Sie oder die Schüler*innen noch tiefer ins Thema einsteigen möchten. Je nach Umfang des Projekts und Komplexität der Arbeitsschritte finden Sie in den Kapiteln **kurze Inspirationen zur Umsetzung** oder auch einmal eine **detaillierte Schritt-für-Schritt-Anleitung** als Kopiervorlage.

Ich wünsche Ihnen und Ihren Schüler*innen viel Spaß bei den Umweltschutzprojekten Ihrer Wahl – und dabei, die Welt ein kleines Stück besser zu machen!

Julia Felicitas Allmann

UMWELTFREUNDLICH ESSEN & TRINKEN

VERBRAUCH VON EINWEG-BECHERN REDUZIEREN

Jahrgangsstufe | 7–10
Dauer | ca. 2 Unterrichtsstunden
Material |
- PCs mit Internetzugang, Textbearbeitungsprogramm, Drucker
- weiteres Material in Abhängigkeit von den angestrebten Maßnahmen

HINTERGRUND-INFORMATIONEN

Die **To-go-Kultur** hat sich in Deutschland längst etabliert – und so praktisch es ist, Getränke und Mahlzeiten einfach mitzunehmen, so groß ist vor allem durch **Einwegbecher** die **Belastung für die Umwelt**. Schätzungen zufolge werden bundesweit pro Jahr etwa 2,8 Mrd. Einwegbecher für Heißgetränke verbraucht, das ergibt **etwa 320.000 Becher pro Stunde**. Diese landen nach kurzer Benutzung im Müll und erzeugen, auf das Jahr hochgerechnet, so eine Menge von 40.000 t Abfall.[1] Besonders problematisch ist es natürlich, wenn die Becher einfach unsachgemäß am Straßenrand oder im Gebüsch entsorgt werden. Mülleimer sind hier die umweltfreundlichere Wahl, doch unterwegs werfen viele Konsument*innen den Becher oft in den nächstbesten Abfalleimer, der vielleicht keine Mülltrennung vorsieht. So können die einzelnen Bestandteile nicht recycelt werden, was die Umweltbelastungen durch die Benutzung von Einwegbechern immerhin ein wenig verringern würde. Doch selbst wenn die Becher in den Gelben Sack oder die Wertstofftonne geworfen werden: Durch ihre spezielle Beschichtung sind die Pappbecher nur schwer zu recyceln und meist kann nur ein Teil des Materials wiederverwendet werden. Umweltfreundlich werden die Becher also auch auf diese Weise nicht.

ZIEL DES PROJEKTS

Durch die Auseinandersetzung mit der Thematik sollen die Schüler*innen für die Probleme bei der Benutzung von Einwegbechern sensibilisiert werden. Das Projekt soll dafür sorgen, dass an der Schule künftig mehr Mehrwegbecher benutzt werden und so die Abfallmenge bei To-go-Getränken deutlich reduziert wird.

[1] vgl. https://muellnichtrum.rlp.de/zahlen-und-fakten/

SO GEHT'S:

- Damit den Schüler*innen die Tragweite des Problems bewusst wird, informieren Sie sie in der **1. Stunde** bspw. mittels eines Quiz über das enorme Müllaufkommen von Einwegbechern und über die in ihnen enthaltenen Rohstoffe. Daraufhin reflektieren die Schüler*innen gemeinsam ihr eigenes Verhalten, benennen Gründe für den Einsatz von Einwegbechern und können sich hoffentlich darauf einigen, künftig keine Einwegbecher mehr zu benutzen, um mit gutem Beispiel voranzugehen.

- Im Anschluss folgt eine Bestandsaufnahme im Plenum: Wo an der Schule werden für welchen Zweck Einwegbecher benutzt? (Häufig sind es die Cafeteria/Mensa, ein Kiosk, mehrere Kaffee-/Kakaoautomaten, aber denken Sie auch an die Tankstelle im Ort oder an die Bäckerei von gegenüber.)

- Nun erarbeiten die Schüler*innen in Kleingruppen Lösungsansätze zur Reduzierung der Menge der Einwegbecher an der Schule, etwa:
  - eine Aufklärungskampagne, um Schüler*innen und Lehrkräfte dazu zu animieren, eigene Becher mitzubringen (dazu könnten Flyer erstellt und an allen Verkaufsstellen ausgelegt werden).
  - die Optimierung der Verkaufsautomaten, damit dort mitgebrachte Mehrwegbecher verschiedener Größen befüllt werden können
  - eine von Schüler*innen organisierte Ausleihe von Mehrwegbechern an Mitschüler*innen, die keinen eigenen Becher dabeihaben (hierfür können nicht mehr benötigte Tassen und Becher von zu Hause mitgebracht werden, die nach Gebrauch gereinigt zurückgebracht werden müssen).
  - der Verkauf wiederverwendbarer Becher in den Verkaufsstellen der Schule
  - die Einführung eines schulinternen Pfandsystems für wiederverwendbare Becher, die zu diesem Zweck mit dem Schullogo versehen werden

- Am Ende der Stunde legen sich die Schüler*innen auf die Durchführung von ein oder zwei der gefundenen Maßnahmen fest.

- In der **2. Stunde** setzen die Schüler*innen ihre Ideen in die Tat um. Je nach Maßnahme recherchieren sie im Internet Informationen und erstellen Flyer, kontaktieren Verantwortliche in den Verkaufsstellen oder organisieren eine Tassenausleihstation. Weisen Sie die Schüler*innen auch auf das bereits bestehende, deutschlandweite Pfandsystem RECUP hin; möglicherweise kann sich die Schule dort anschließen.

EIN STAND MIT NACHHALTIGEN PAUSENSNACKS

Jahrgangsstufe | 7–10
Dauer | 2 Unterrichtsstunden für die Planung des Stands, 1 Schultag Pausenverkauf am Stand
Material |
- PCs mit Internetzugang, Textbearbeitungsprogramm, Drucker
- Lebensmittel in Abhängigkeit von den geplanten Rezepten
- Verkaufstisch, evtl. Geschirr, Servietten, Kasse mit Wechselgeld

HINTERGRUND-INFORMATIONEN

Ein Brötchen mit Butter und Schinken ist nicht gerade die umweltfreundlichste Stärkung in der Pause. Butter gilt sogar als eines der **klimaschädlichsten Lebensmittel** überhaupt, weil bei ihrer Herstellung eine große Menge CO_2 freigesetzt wird. Für nur 1 kg Butter sind rund 20 l Milch notwendig. Auch **Fleischprodukte** belasten den Planeten, besonders problematisch ist dabei das von den Tieren abgegebene Methan, das etwa 25-mal so klimaschädlich ist wie CO_2. Es ist also immer hilfreich, den **Konsum tierischer Produkte zu verringern**, wenn man die Umwelt schonen will. Wer nicht komplett vegetarisch leben möchte, leistet mit **Bioprodukten** seinen Beitrag: So führt biologische Haltung etwa bei Hühnern dazu, dass sie nicht mit brasilianischem Sojaschrot gefüttert werden, für dessen Anbau oft Regenwald abgeholzt wird. Außerdem haben Hühner in biologischer Haltung etwa doppelt so viel Zeit, zu wachsen, nämlich im Schnitt 70–90 Tage.[2]

Unabhängig von der Art des Produkts ist es besser für Umwelt und Klima, auf **regionale und saisonale Produkte** zu setzen (s. „Saisonkalender basteln“, S. 23), da bei diesen keine langen Transportwege anfallen. Und: Je weniger Verpackung, desto besser! Denn der **Verpackungsmüll** in Deutschland nimmt jährlich zu (s. „Galerie: Produkte und ihre Verpackung“, S. 78) und Lebensmittelverpackungen spielen dabei eine große Rolle.

Wer es schafft, sich mit möglichst wenigen Abfällen weitgehend vegetarisch (oder sogar vegan) zu ernähren und dann auch noch auf Bioprodukte setzt, kann die Ökobilanz der eigenen Ernährung deutlich verbessern – auch in der großen Pause in der Schule.

[2] vgl. https://www.wwf.de/themen-projekte/landwirtschaft/ernaehrung-konsum/fleisch/gefluegel/

ZIEL DES PROJEKTS

Wenn sich die Schüler*innen mit nachhaltigen Pausensnacks beschäftigen, erweitern sie ihr Wissen über die CO_2-Emissionen und andere Umweltauswirkungen ihrer Ernährung. Sie erhalten Inspiration, welche Gerichte klimafreundlich sind und gut schmecken, und regen durch den Verkaufsstand hoffentlich auch andere dazu an, sich mit dem Thema auseinanderzusetzen. Gleichzeitig kalkulieren die Schüler*innen Ausgaben und Einnahmen und stellen so ein kleines „Business für einen Tag" auf die Beine.

SO GEHT'S

- Bitten Sie die Schüler*innen in der **1. Stunde**, ihr heutiges Frühstück hervorzuholen und in der Klasse zu zeigen. Sollte es bereits verzehrt sein, kann es beschrieben oder gezeichnet werden. Was fällt den Schüler*innen in puncto Verpackung, Fleischanteil und (vermutliche) Herkunft der Produkte auf? Vermitteln Sie der Klasse hierzu einige Fakten und sammeln Sie gemeinsam die Grundlagen einer klimafreundlichen Ernährung.

- Auf der Basis dieses Wissens stellen die Schüler*innen jetzt in Kleingruppen Ideen für nachhaltige Pausensnacks zusammen, z. B. regionales Obst, vegetarische Brotaufstriche, Nussmischungen, Selbstgebackenes mit möglichst regionalen Zutaten, vegane Smoothies etc. Anschließend entscheidet die Klasse darüber, wie viele und welche Snacks sie an einem Aktionstag in der Schule verkaufen möchte.

- In der **2. Stunde** geht es an die konkrete Umsetzung des Verkaufsstands. Welche Lebensmittel müssen besorgt werden? Wie hoch sind die Kosten dafür und zu welchen Preisen werden die Snacks später verkauft? Wie soll der Stand gestaltet werden? Wird trotz des Gebots, auf Verpackung zu verzichten, hierfür Material oder wiederverwendbares Geschirr benötigt? Muss etwas gekühlt werden? Wie lässt sich der Verkaufstag in der ganzen Schule bewerben? Wer betreut den Stand in welcher Pause?

- Am Verkaufstag selbst bereitet die Klasse einen schönen Stand mit leckeren und nachhaltigen Snacks vor und zeigt so, wie gut Alternativen zu abgepackten Schokoriegeln und Chips schmecken können. Mit dem hoffentlich erwirtschafteten kleinen Gewinn weiß die Klasse sicher auch etwas anzufangen!

3 VERKOSTUNG VON MILCHALTERNATIVEN

Bitten Sie die Schüler*innen, in der **1. Stunde** ein kleines Trinkgefäß mitzubringen.

Jahrgangsstufe | 7–10

Dauer | ca. 2,5 Unterrichtsstunden, große Pause für Verkostung am Stand

Material |
- je nach Gruppengröße 1–2 Kartons Vollmilch, Kokosmilch, Haferdrink, Sojadrink und Mandeldrink, 5 neutrale Gefäße für eine Verkostung
- PCs mit Internetzugang, Textbearbeitungsprogramm, Drucker
- Lebensmittel in Abhängigkeit von der geplanten Verkostung
- Tisch für die Verkostung, evtl. Geschirr, Servietten

HINTERGRUND-INFORMATIONEN

Nicht nur eine fleischlastige Ernährung macht unserem Planeten zu schaffen, auch **Milch und Milchprodukte** haben **negative Auswirkungen** auf Umwelt und Klima. So ist konventionelle Kuhmilch oft das Ergebnis von **Massentierhaltung** und **industrieller Landwirtschaft**. Dabei stellt nicht nur die Futtermittelproduktion eine Umweltbelastung dar, auch die von den Kühen abgegebenen **Methangase** treiben die Belastung in die Höhe. Ebenso ist das für die Kuhmilchproduktion benötigte Land und der Wasserverbrauch nicht zu unterschätzen.
Eine gute Alternative dazu können **pflanzliche Alternativen** darstellen, z. B. **Haferdrink**: Zum einen ist Hafer ein Getreide, das auch in Deutschland wächst und regional zu beziehen ist; zum anderen weist es eine gute Ökobilanz auf. Auch **Sojadrinks** könnten eine klimafreundlichere Wahl sein. Soja steht zwar auch in der Kritik, da für den großen Bedarf an Anbauflächen oft Regenwald abgeholzt wird. Der größte Teil des angebauten Sojas geht aber in Tierfutter, der menschliche Konsum von Sojaprodukten spielt nur eine untergeordnete Rolle.

ZIEL DES PROJEKTS

Das Projekt soll bei den Schüler*innen ein Bewusstsein für die Umweltbelastung durch Milchprodukte schaffen, indem sie über deren Produktion aufgeklärt und pflanzliche Alternativgetränke eingeführt werden.

SO GEHT'S:

- Füllen Sie die mitgebrachten Getränke vor der **1. Stunde** in die neutralen Gefäße um und führen Sie mit den Schüler*innen zunächst eine Verkostung durch. (Allergien beachten!) Erfragen Sie die bisherigen Erfahrungen mit den Produkten und Kenntnisse zu ihrer Erzeugung unter dem Aspekt des Umweltschutzes. Anschließend recherchieren die Schüler*innen genauere Fakten zur Herstellung von Kuhmilchprodukten.
- In der **2. Stunde** planen die Schüler*innen eine ähnliche Verkostung an einem Stand in der großen Pause. Dazu bereitet **Gruppe 1** Flyer und Plakate zu Vor- und Nachteilen der pflanzlichen Alternativen vor. **Gruppe 2** beschäftigt sich mit der praktischen Umsetzung der Verkostung: Kauf und Bereitstellung der Getränke (die Schüler*innen teilen sich die anfallenden Kosten), Aufbau und Betreuung des Standes usw. **Gruppe 3** erstellt einen kleinen Fragebogen zur Resonanz auf die getesteten Produkte.
- Am **Tag der Verkostung** gestaltet eine Gruppe der Schüler*innen in der großen Pause den Stand mit den Infomaterialien und bieten jedem*jeder, der*die ein Trinkgefäß mitbringt, kleine Mengen der Getränke zur Verkostung an.
- Um die Ergebnisse der Aktion festzuhalten, dokumentiert eine andere Gruppe die Meinungen der Testpersonen: Welcher Drink kam am besten an? Würden die Testenden solche Getränke kaufen und, wenn ja, wie viel würden sie dafür ausgeben?
- In der **Folgestunde** präsentieren die Schüler*innen ihre Ergebnisse im Plenum und beraten darüber, ob sie sich für eine Einführung pflanzlicher Alternativen zu Kuhmilch in den Verkaufsstellen in und um die Schule einsetzen möchten.

EXTRA-TIPP

Sie können den Schüler*innen auch vorschlagen, zu Hause (oder in einem weiteren Projekt im Unterricht) Haferdrinks selbst herzustellen. Detaillierte Anleitungen gibt es online. Benötigt werden in den meisten Fällen Haferflocken, Wasser, ein Pürierstab und ein Leinentuch oder ein Nussmilchbeutel, durch den der Drink am Ende fein gefiltert wird.

FOODSAVING AN DER SCHULE ORGANISIEREN

Jahrgangsstufe | 7–10

Dauer | mind. 3 Unterrichtsstunden; ein halbes Jahr Betreuung der Homepage

Material |
- PCs mit Internetzugang und Zugang zur Schulhomepage
- Regal oder Kisten zur Sammlung und Aufbewahrung der Lebensmittelreste bis zu ihrer Abholung

HINTERGRUND-INFORMATIONEN

Wer beim Essen und Trinken die Umwelt schützen will, sollte vor allem **weniger Lebensmittel wegwerfen**. Lebensmittelverschwendung ist ein massives Problem, zu dem sich verschiedene Zahlen finden: So geht man davon aus, dass in Deutschland jedes Jahr mehrere Millionen Tonnen Lebensmittel im Müll landen, darunter Reste bei auswärtigem Essen und Lebensmittel, die zu Hause nicht rechtzeitig verwendet wurden. Obst und Gemüse, Brot, Milchprodukte, bereits zubereitete Speisen: All das wird weggeworfen, obwohl es eigentlich den Hunger hätte stillen können. Etwa 75 kg Lebensmittelmüll pro Haushalt sollen es sein. Wer diese Menge reduziert, sorgt dafür, dass weniger neue Lebensmittel gekauft und damit Umwelt und Klima nicht weiter belastet werden. Denn für **Anbau, Ernte, Weiterverarbeitung** und **Transport** sind Ressourcen wie **Energie** und **Wasser** nötig, außerdem wird CO_2 ausgestoßen – und in vielen Fällen kommt eine große Menge **Verpackungsmaterial** hinzu (s. „Galerie: Produkte und ihre Verpackung“, S. 78). Oft werfen Verbraucher*innen Lebensmittel weg, weil das Mindesthaltbarkeitsdatum abgelaufen ist, doch dabei handelt es sich gar nicht um ein Verfallsdatum, sondern es sagt lediglich aus, bis zu welchem Datum ein noch nicht geöffnetes Lebensmittel Geschmack, Farbe und Nährwert garantiert behält.

ZIEL DES PROJEKTS

Die Aktion klärt die Schüler*innen über das Thema Lebensmittelabfälle auf und sensibilisiert sie dafür. Bei erfolgreicher Durchführung kann die Klasse die Verschwendung von Lebensmitteln in der Schule und auch in den Haushalten der Familien reduzieren.

SO GEHT'S

- Bitten Sie die Schüler*innen mit etwas Vorlauf, zur **1. Stunde** eine Rechercheaufgabe zu erledigen: Sie sollen einen Lebensmitteleinkauf ihrer Familie fotografieren und in den nächsten Tagen dokumentieren, was davon tatsächlich verzehrt und was weggeworfen wurde. Anhand der Angaben präsentiert die Lehrkraft aktuelle Statistiken zur Lebensmittelverschwendung in Deutschland.

- Dann überlegen die Schüler*innen im Plenum, an welchen Stellen in der Schule das Risiko besteht, dass Essen weggeworfen wird, und finden heraus, was dort mit nicht verkauften Lebensmitteln passiert.

- Im Anschluss und fortlaufend in den **Folgestunden** entwickeln die Schüler*innen in Kleingruppen Konzepte, wie die Lebensmittelverschwendung an den betreffenden Stellen reduziert werden kann. Dazu sollten sie sich online von Foodsaving-Modellen inspirieren lassen und erkennen, dass auch Nicht-Bedürftige keine Scheu haben dürfen, Lebensmittelreste zu nehmen, damit kein Essen im Müll landet. Möglich wären Ansatzpunkte wie:
  - Die Planung des Lebensmitteleinkaufs wird optimiert.
  - Noch verkaufsfähige Produkte werden zum halben Preis angeboten.
  - Die Reste werden von Schüler*innen nach einem festen Plan abgeholt und in den Klassen verteilt (z. B. trockene Produkte wie Brot).
  - Die Reste werden in Kooperation mit einer gemeinnützigen Stelle an Bedürftige verteilt.

- Die Lehrkraft lenkt den Fokus im Folgenden jedoch auf die Einrichtung eines nachhaltigen Foodsaving-Projekts an der eigenen Schule: Die Reste werden dabei digital erfasst und können von Interessierten über die Schulhomepage gefunden und abgeholt werden. Das lässt sich später auch auf in den Familien anfallende Lebensmittelreste ausweiten.

- Die verbleibende Zeit nutzt die Klasse für die Umsetzung des Projekts auf der Homepage. In Zusammenarbeit mit den Verantwortlichen schafft sie die technischen Voraussetzungen, organisiert die tägliche Erfassung der Lebensmittelreste sowie deren Ausgabe und macht das Foodsaving-Projekt schulweit bekannt. Es sollte zunächst für ein halbes Jahr geplant werden, wobei die gerettete Lebensmittelmenge fortlaufend dokumentiert und der Erfolg am Ende präsentiert wird.

5 AKTION „LEITUNGSWASSER TRINKEN"

Bitten Sie die Schüler*innen, in der **1. Stunde** ein kleines Trinkgefäß mitzubringen.

Jahrgangsstufe | 5–6

Dauer | ca. 2 Unterrichtsstunden, große Pause für Verkostung am Stand

Material |
- PCs mit Internetzugang, Textbearbeitungsprogramm, Drucker
- Wasserflaschen/Karaffen und Mehrwegbecher
- Obst, Gemüse und Kräuter nach vorheriger Planung
- Verkaufstisch, evtl. Tischdecken oder Dekoration, Kasse mit Wechselgeld

HINTERGRUND-INFORMATIONEN

Es muss nicht immer Wasser aus der Flasche sein – viel umweltschonender ist es, den Durst direkt mit **Wasser aus dem Hahn** zu stillen. Dem Umweltbundesamt zufolge entstehen dabei weniger als 1 % der Umweltbelastungen im Vergleich zum Trinken von Mineralwasser.[3] Hier spielen vor allem der **Transport** und die dabei entstehenden **CO_2-Emissionen** eine Rolle – vor allem, wenn die Quelle nicht direkt um die Ecke liegt. Um die Qualität des Wassers muss man sich in Deutschland keine Sorgen machen, denn sie wird laufend überprüft. Das Wasser darf nur aus der Leitung fließen, wenn es rein und genusstauglich ist und weder Krankheitserreger noch andere Stoffe in gesundheitsgefährdenden Mengen enthält. Leitungswasser zählt hierzulande also zu einem der **bestkontrollierten Lebensmittel**. Ein weiterer Vorteil: Wer seine Flasche immer wieder am Hahn auffüllt, muss keine großen Vorräte mit sich herumtragen.

Dieses Projekt kann das Bewusstsein für das Trinken von Leitungswasser schaffen und bietet Anreize, indem den Schüler*innen durch sogenanntes „Infused Water" aufgezeigt wird, dass Wasser auch nicht immer gleich schmecken muss. Dabei handelt es sich um Leitungswasser, das durch verschiedene Obst- und Gemüsesorten oder Kräuter einen besonderen Geschmack bekommt. So liegt es in der Schule bestenfalls bald im Trend, Leitungswasser zu trinken – und dadurch sogar noch Geld zu sparen.

Für „Infused Water" gut geeignet sind:
- Zitronen
- Ingwer
- Gurken
- Himbeeren
- Minzblätter

[3] vgl. https://www.umweltbundesamt.de/umwelttipps-fuer-den-alltag/essen-trinken/trinkwasser#gewusst-wie

ZIEL DES PROJEKTS

Die Aktion soll alle Schüler*innen dazu animieren, Leitungswasser zu trinken, und ein Bewusstsein für diese umweltschonende Art des Durststillens schaffen.

SO GEHT'S

- Bereiten Sie für die Klasse zwei oder drei Flaschen mit „Infused Water“ verschiedener Geschmacksrichtungen vor.
- Bitten Sie die Schüler*innen zu Beginn der **1. Stunde**, ihre mitgebrachten Getränke zu zeigen, und überlegen Sie gemeinsam, welche Umweltbelastungen z. B. durch eine PET-Flasche entstehen. Weisen Sie dabei auch auf verschiedene Arten von Pfandflaschen hin.
- Sollte keine*r der Schüler*innen Leitungswasser trinken, schlagen Sie diese Idee vor. Eventuellen Einwänden, das Wasser schmecke langweilig und immer gleich, begegnen Sie, indem Sie das Prinzip des „Infused Water“ vorstellen und die Klasse Ihre mitgebrachten Getränke verkosten lassen.
- Regen Sie an, in einer großen Pause eine solche Verkostung für die ganze Schule zu organisieren. Tragen Sie mit der Klasse daraufhin die notwendigen Arbeitsschritte zusammen und verteilen Sie sie an Kleingruppen:
  - Beschaffung von Glasflaschen/Karaffen und von Mehrwegbechern, Spüldienst
  - Auswahl der Zusätze für das Wasser, Kauf der Produkte, Beschaffung von zur Verarbeitung nötigen Materialien (Messer/Schneidebrett etc.)
  - Aufbau, optische Gestaltung und Betreuung des Stands
- Um die Besucher*innen über den Hintergrund der Aktion zu informieren, erstellt die Klasse in der **2. Stunde** einen Flyer mit Informationen zum Leitungswasser-Trinken und Ideen, wie „Infused Water“ am besten schmeckt.
- Am **Aktionstag** selbst betreut die Klasse den Stand in der großen Pause und verteilt wohlschmeckendes Leitungswasser samt zugehörigem Flyer.

EXTRA-TIPP

Aus schönen Flaschen macht es gleich noch mehr Spaß, Leitungswasser zu trinken. Als Ergänzung des Projekts könnten die Schüler*innen Hersteller von umweltfreundlich produzierten Flaschen recherchieren – ohne Weichmacher, Schadstoffe und Ausbeutung im Herstellungsprozess.

6 VEGANE REZEPTSAMMLUNG ERSTELLEN

Jahrgangsstufe | 5–7

Dauer | 3–4 Unterrichtsstunden

Material |
- PCs mit Internetzugang und Textbearbeitungsprogramm
- evtl. Druckmöglichkeit und Heftgerät
- ggf. Kochbücher mit veganen Rezepten

HINTERGRUND-INFORMATIONEN

Der Konsum von Fleisch beeinträchtigt das Klima immens: Betrachtet man die gesamten Treibhausgas-Emissionen durch unsere Ernährung, macht die Produktion von Fleisch einen Großteil aus. Hinzu kommt, dass für kein anderes Lebensmittel so viel Ackerland benötigt wird wie für Fleisch und Milch: Dem „Fleischatlas 2018" zufolge stillt die Menschheit nur 17 % des Kalorienbedarfs mit tierischen Produkten, für sie werden aber **77 % des globalen Ackerlands** benötigt.[4] Weil die Flächen für Futtermittelanbau stetig wachsen, müssen wertvolle Wälder abgeholzt werden. Auch die **Haltungsbedingungen** der Tiere sind ein Problem, denn in der konventionellen Landwirtschaft stehen Schweine und Hühner oft auf engstem Raum. Umweltschützer*innen empfehlen aus all diesen Gründen, den Fleischkonsum pro Person zu beschränken – noch besser wäre natürlich eine rein fleischfreie Ernährung. Auch die Umweltbelastungen durch **Milch** sind nicht zu unterschätzen (s. „Verkostung von Milchalternativen", S. 12).
Es lohnt sich also, auf tierische Produkte zu verzichten – doch es muss nicht gleich radikaler Veganismus sein. Jede Mahlzeit, die nur pflanzliche Zutaten enthält, zählt. Bei genügend **Inspiration** für leckere Rezepte fällt es sicher gar nicht schwer, ab und zu ohne Fleisch, Butter oder Käse auszukommen.

ZIEL DES PROJEKTS

Die Klasse erfährt zunächst, welche Auswirkungen der Konsum von Fleisch und anderen tierischen Produkten hat. Durch die Erstellung der Rezeptsammlung erleben die Schüler*innen, welche Möglichkeiten der veganen Zubereitung es gibt, und werden zum Ausprobieren inspiriert. Vielleicht geben sie dieses Wissen und diese Ideen im Anschluss auch an die Familien weiter.

[4] vgl. https://www.boell.de/de/2018/01/10/fleischatlas-2018-rezepte-fuer-eine-bessere-tierhaltung

SO GEHT'S

- Lassen Sie die Schüler*innen in der **1. Stunde** über ihre Ernährung berichten und sammeln Sie die verschiedenen Ernährungskonzepte mit ihren Inhalten, Vor- und Nachteilen als Mindmap an der Tafel. Heben Sie dabei die Auswirkungen des Konsums tierischer Produkte auf die Umwelt hervor und regen Sie bei den Schüler*innen das Interesse für vegane Kost an.
- Nun verkünden Sie Ihre Idee, eine vegane Rezeptsammlung zu erstellen, und teilen die Schüler*innen dafür in die vier Gruppen „Herzhafte Snacks", „Hauptgerichte", „Süßes" und „Getränke (Smoothies)" ein.
- In den beiden **Folgestunden** suchen die Gruppenmitglieder mithilfe des Internets oder mitgebrachter Kochbücher fünf leckere Rezepte, die sie gern ausprobieren würden oder bereits kennen. Die Gruppe einigt sich darauf, zwei der Rezepte zu Hause mithilfe von Erwachsenen nachzukochen und appetitlich zu fotografieren.
- Die insgesamt 20 Rezepte und die gemachten Fotos werden von den Gruppen am PC zu einem kleinen Magazin in einheitlichem Layout zusammengefügt. Einige Schüler*innen finden sich parallel zusammen, um ein kurzes Vorwort zur Sammlung und zum Thema „Vegane Ernährung" zu verfassen.
- Die fertige Rezeptsammlung wird auf Wunsch ausgedruckt und geheftet oder digital in der Klasse verteilt. Sie können sie auch in der ganzen Schule verbreiten, um einen noch größeren Effekt zu erzielen.

EXTRA-TIPP

Die Klasse könnte auch eine kleine Challenge organisieren: Ziel ist es, dass möglichst viele Schüler*innen eine Mahlzeit am Tag vegan essen – ohne Überprüfung, einfach zum Spaß.

SCHOKOCREME OHNE PALMÖL HERSTELLEN

Jahrgangsstufe | 5–10
Dauer | 2 Unterrichtsstunden
Material |
- Kopiervorlage S. 22
- Zutaten und Material laut Kopiervorlage
- Spülbürste, Spülmittel, Geschirrtuch

HINTERGRUND-INFORMATIONEN

Fertiggerichte und industriell verarbeitete Lebensmittel sind aus den meisten Haushalten nicht mehr wegzudenken. Dabei stecken in diesen häufig nicht nur ungesunde Zutaten – sie sind oft auch ziemlich **umweltschädlich**. Neben den **Ressourcen**, die für die Verarbeitung gebraucht werden, den oft langen **Transportwegen** und den aufwändigen **Verpackungen** ist hierbei auch **Palmöl** zu nennen (s. „Palmöl-Kampagne an der Schule", S. 80). Dieses ist in etwa jedem zweiten Produkt im Supermarkt enthalten, besonders oft in **verarbeiteten** Lebensmitteln, wie Snacks, z. B. Erdnussflips, Tiefkühlgerichten, etwa Pizza, oder in Schokocremes fürs Frühstücksbrötchen. Das Palmöl an sich stellt keine Belastung für den Planeten dar, doch da der weltweite Bedarf so groß ist, werden immer neue Anbauflächen benötigt, für die oft **Regenwälder gerodet** und Dörfer umgesiedelt werden. Einige Tierarten sind deshalb vom Aussterben bedroht.
Es gibt inzwischen zwar Labels wie RSPO, die garantieren sollen, dass bei der Palmöl-Produktion Mindeststandards eingehalten werden, doch dabei geht es tatsächlich nur um genau das: Mindeststandards. Die Zertifizierungen sind in den Augen von Umweltschützer*innen daher auch kein Grund, einen großen Palmöl-Konsum hinzunehmen.
Eine Möglichkeit, selbst einen Beitrag zur Reduzierung des eigenen Palmöl-Verbrauchs zu leisten, ist es, **mehr Produkte selbst herzustellen**, z. B. Schokocreme als Ersatz für klassischen, industriell produzierten Brotaufstrich. Dieser ist nicht nur umweltfreundlicher, da er ohne Palmöl auskommt: Er enthält auch keinen Industriezucker, sondern wird mit Datteln gesüßt, was immerhin etwas gesünder ist als die klassische Variante.

ZIEL DES PROJEKTS

Die Klasse erlangt Wissen über die Problematik des Palmöl-Verbrauchs und stellt fest, wie einfach eine Alternative zum fertig gekauften Produkt zubereitet ist. Idealerweise regt es die Schüler*innen dazu an, in Zukunft auf industriell hergestellte Schokocreme zu verzichten und andere Produkte zu überdenken.

SO GEHT'S

- Sprechen Sie mit der Klasse in der **1. Stunde** über die weit verzweigten Auswirkungen der Palmöl-Herstellung auf die Umwelt und die Möglichkeit, den eigenen Konsum zu reduzieren.
- Im Anschluss stellen Sie die Zubereitung einer palmölfreien Schokocreme in Aussicht und bitten die Schüler*innen, in der nächsten Stunde das benötigte Material mitzubringen (s. Kopiervorlage, S. 22; dort Angaben für zwei Personen). Gehen Sie dabei ausführlich auf die einzelnen Punkte ein, damit die Schüler*innen keine ungeeigneten Produkte besorgen, und rechnen Sie die Zutaten gemeinsam mit der Klasse auf die Zahl der Schüler*innen hoch, damit jede*r ein kleines Glas mit nach Hause nehmen kann. Wo genügt ein Produkt für die ganze Klasse und wo werden mehrere Packungen benötigt? Wer besorgt welche Menge?

HINWEISE

Nussmus: Es kann nach Wahl gekauft werden, z. B. Haselnuss- oder Mandelmus, möglichst jedoch in Bioqualität.

Kakao: Hier dürfen die Schüler*innen keinen Instant-Kakao zum Anrühren kaufen, sondern reinen Kakao, wie man ihn zum Backen verwendet.

Glas: Jede*r Schüler*in muss zum Abfüllen der Creme ein eigenes, fest verschließbares Schraubglas mit einem Fassungsvermögen von ca. 120 ml mitbringen.

- In der **2. Stunde** teilen Sie die Klasse in 2er-Gruppen ein, die mithilfe der Kopiervorlage jeweils gemeinsam eine Schokocreme herstellen. Idealerweise können die Gläser bis zum Unterrichtsschluss gekühlt aufbewahrt werden.

EXTRA-TIPP

Es gibt viele weitere Möglichkeiten, Palmöl in Produkten zu vermeiden. Im Netz finden sich zahlreiche Rezepte, um z. B. palmölfreie Müsliriegel selbst herzustellen. Vielleicht wäre das ein Anschlussprojekt?

7 KV ANLEITUNG: SCHOKOCREME OHNE PALMÖL

ZUTATEN FÜR ETWA 200–250 G CREME

- ☑ 8 Datteln
- ☑ etwas warmes Wasser
- ☑ ca. 120 g Nussmus, z. B. Haselnuss- oder Mandelmus
- ☑ 5–6 EL reiner Kakao
- ☑ 2 Scheiben Zwieback

BENÖTIGTES MATERIAL

- ☑ Schüssel
- ☑ Esslöffel
- ☑ Messbecher oder anderer Behälter mit hohem Rand
- ☑ Schneidebrett und Messer
- ☑ Pürierstab
- ☑ Schraubglas, ca. 120 ml

ZUBEREITUNG

1. Legt die Datteln in einer Schüssel für etwa 10 Minuten in warmem Wasser ein. So lassen sie sich leichter verarbeiten.
2. Während die Datteln wässern, gebt ihr das Nussmus und den Kakao in den Messbecher.
3. Nehmt nun die Datteln aus der Schüssel und hackt sie grob auf dem Schneidebrett. Das Wasser wird noch benötigt!
4. Gebt die gehackten Datteln zu Nussmus und Kakao in den Messbecher und püriert alles. Falls nötig, könnt ihr mit dem Esslöffel etwas Dattelwasser hinzugeben, bis eine cremige Konsistenz erreicht ist.
5. Bestreicht die beiden Zwiebackscheiben mit der Creme. Den Rest der Creme füllt ihr in ein sauberes, verschließbares Glas um. Sie sollte gekühlt aufbewahrt und in den nächsten Tagen genossen werden.
6. Lasst euch die Zwiebackscheiben schmecken!

Abb.: Blätter © SaimonSailent – Shutterstock.com; Schokocreme © Norbert Höveler

8 SAISONKALENDER BASTELN

Jahrgangsstufe | 5-7
Dauer | 2 Unterrichtsstunden
Material |
- einige saisonale und nicht saisonale einheimische Obst- und Gemüsesorten
- Korb
- PCs mit Internetzugang und Textbearbeitungsprogramm
- evtl. Druckmöglichkeit und Heftgerät

HINTERGRUND-INFORMATIONEN

Heutzutage gibt es **fast jedes Lebensmittel zu jeder Jahreszeit:** Was in Deutschland keine Saison hat oder nicht hier wächst, wird aus dem oft **fernen Ausland importiert**. Zusätzlich gibt es immer neue, **aufwändige Anbautechniken** oder technisch ausgefeilte Lageroptionen. All das sorgt dafür, dass wir das ganze Jahr über mehr Auswahl im Supermarkt haben – aber es belastet die Umwelt und das Klima. Entscheidend sind vor allem kurze Transportwege, bestenfalls aus der eigenen Region oder auch dem nahe gelegenen Ausland.
Doch nicht immer ist regionale Ware eine umweltfreundliche Wahl: Die **Lagerung** sorgt für einen hohen **Energieverbrauch** – wer also heimische Lebensmittel lange nach ihrer Saison kauft, erreicht auch eine schlechte Ökobilanz. Deshalb ist regionales Obst und Gemüse, das in der **Haupterntezeit** gekauft wird, immer die beste Wahl für Umwelt und Klima. Dazu muss man nur wissen, was wann wächst – der erste Schritt zu einer nachhaltigen Ernährung.

ZIEL DES PROJEKTS

Sicher haben viele der Schüler*innen bislang beim Einkauf nicht auf die Herkunft und Saison der Lebensmittel geachtet. Durch das Projekt sollen sie einerseits auf das Thema aufmerksam werden und andererseits – durch den Saisonkalender – Orientierung für nachhaltigen Einkauf und Konsum erhalten. Wird der Saisonkalender mit der ganzen Schule oder den Familien der Schüler*innen geteilt, maximiert das den Effekt.

SO GEHT'S

- In der **1. Stunde** präsentieren Sie den Schüler*innen zum Einstieg einen kleinen Korb mit einheimischen Obst- und Gemüsesorten – unbedingt auch nicht saisonale. Lassen Sie die Produkte benennen und die Schüler*innen vermuten, zu welcher Zeit des Jahres sie in Mitteleuropa frisch geerntet werden. Leiten Sie über zur fragwürdigen Verfügbarkeit von Obst und Gemüse zu jeder Zeit des Jahres, den damit verbundenen Umweltproblemen und dem Thema „Saisonal einkaufen".
- Anschließend teilen Sie die Schüler*innen in Kleingruppen ein, die jeweils für bestimmte Monate des Jahres zuständig sind: Für die Monate mit großem Angebot gibt es je **eine Gemüse- und eine Obstgruppe**. Für den Winter, in dem nicht jeden Monat eigenes Obst- und Gemüse Saison hat, fassen Sie Monate zusammen, um die sich nur eine Gruppe kümmert. Zwei Schüler*innen werden keiner Gruppe zugeteilt: Sie erstellen am PC ein passendes Layout für die Darstellung der Monate als Kalender mit Unterteilung in Obst und Gemüse, frische Ernte und Lagerware, je ein Foto sowie ein Rezept.
- Nun recherchieren die Schüler*innen im Internet, welches Gemüse im ihnen zugeteilten Zeitraum Saison hat sowie wann es als Lagerware erhältlich ist. Leiten Sie die Klasse an, copyrightfreie Fotos oder Zeichnungen der Obst- und Gemüsesorten ausfindig zu machen.
- In der **2. Stunde** wird diese Arbeit fortgesetzt und zusätzlich für jeden Monat ein unkompliziert zuzubereitendes Snack-Rezept ausgewählt, das Eingang in den saisonalen Kalender findet. (Hierzu kann die alte Gruppenstruktur verlassen werden.)
- Abschließend trägt die Klasse alle Monatsübersichten in der erstellten Dokumentenvorlage zusammen und druckt sowie heftet oder verschickt den Kalender an Interessierte. Möglich ist auch eine Variante des Saisonkalenders, die im Klassenraum aufgehängt wird – überlegen Sie gemeinsam mit den Schüler*innen, wofür Sie sich entscheiden.

TIERE & UMWELT

9 WINTERQUARTIERE FÜR IGEL UND INSEKTEN

Jahrgangsstufe | 5–7
Dauer | 2–3 Unterrichtsstunden
Material |
- Laub und Totholz auf dem oder in der Nähe des Schulgeländes
- Besen oder Laubrechen
- ggf. Säcke oder Kisten zum Transport von Laub und Ästen
- Handschuhe und wetterfeste Kleidung
- Pappen, Stifte, Laminierfolie, Laminiergerät

HINTERGRUND-INFORMATIONEN

Im Herbst landen heruntergefallene Blätter oder abgebrochene Äste oft in der Biotonne – dabei können diese Reste aus der Natur für Igel und Insekten **ein Winterquartier** darstellen und ihnen helfen, durch die kalte Jahreszeit zu kommen.
Igel bauen ab etwa Mitte Oktober ihren Unterschlupf für den Winter, ab Bodentemperaturen von 0° C ziehen sie sich dorthin zurück. Ein Winterquartier besteht idealerweise aus einem Haufen **Laub, totem Holz und dünnen Ästen** – wird all das im Herbst und beginnenden Winter entfernt, haben es die Tiere deutlich schwerer.
Die Schüler*innen können Igel dabei unterstützen, ein schützendes Nest für den Winter zu finden, indem sie natürliche Unterschlupfmöglichkeiten aus den Naturmaterialien erstellen.
Auch **Insekten** profitieren davon: Totholz dient ihnen als Nahrung, als Versteck und auch als Baumaterial für den eigenen Unterschlupf. Verschiedene Bienen-, Wespen- und Käferarten – viele davon vom Aussterben bedroht – sind auf von Pilzen und Bakterien zersetztes Totholz angewiesen, um sich richtig entwickeln zu können. Leider führt intensive Forstwirtschaft dazu, dass Totholz immer seltener wird, weshalb stets genügend alte Äste, liegende Baumstämme, Holzstapel oder Wurzeln in Gärten und auf dem Schulhof vorhanden sein sollten. Auch Laubhaufen helfen Insekten, durch den Winter zu kommen: Die Blätter isolieren und schützen vor Kälte, außerdem finden Insekten im Laub wichtige Nährstoffe, die im Winter sonst oft fehlen.

ZIEL DES PROJEKTS

Igel und Insekten sollen einen Rückzugsort und Nahrung für den Winter erhalten. Gleichzeitig erlangen die Schüler*innen Wissen über die Bedürfnisse der Tiere und den Einfluss des menschlichen Verhaltens auf ihr Überwintern. Beobachtet die Klasse die Tiere in der Folge auch ab und zu, stärkt das die Bindung zu den Igeln und Insekten.

SO GEHT'S

- In der **1. Stunde** erarbeiten Sie mit der Klasse die oben geschilderten Informationen: Warum benötigen manche Tiere ein Winterquartier und woraus könnte es – konkret in Schulnähe – entstehen? Im Anschluss teilen sich die Schüler*innen in zwei Gruppen auf, die sich jeweils um Laubhaufen bzw. Totholz kümmern, und fertigen Infoschilder für die Winterquartiere an, die andere Schüler*innen über das Projekt aufklären und sicherstellen sollen, dass niemand die Quartiere beschädigt. Diese Schilder sollten laminiert werden.
- Die **2. und ggf. 3. Stunde** wird für die praktische Umsetzung genutzt:
  - **Gruppe Laubhaufen:** Die Schüler*innen wählen schattige und windstille Ecken aus, an denen das Laub bis zum späten Frühjahr liegen kann – diese sollten mit dem*der Hausmeister*in abgestimmt werden. Die Gruppe fegt das Laub zusammen und häuft es an den besprochenen Stellen auf.
  - **Gruppe Totholzhaufen:** Auch hier bestimmen die Schüler*innen zunächst geeignete Standorte und sprechen diese ab. Wichtig ist, dass genügend Totholz vorhanden ist. Sollten auf dem Gelände nicht genügend Äste und Wurzeln zu finden sein, können Schüler*innen auf dem Schulweg oder im eigenen Garten Zweige und Äste sammeln. Am Unterrichtstag stapelt die Gruppe das Holz an den jeweiligen Stellen.
- Abschließend bringen beide Gruppen die angefertigten Infotafeln an.

EXTRA-TIPP

Wenn es im Winter mal wärmer wird, kann es sein, dass Igel aufwachen und das Quartier verlassen. Das ist kein Grund zur Sorge – nur wenn die Schüler*innen das häufiger beobachten, kann es sein, dass das Nahrungsangebot knapp ist. Dann kann man Igel mit einem Wassernapf unterstützen und ihnen nicht verderbliches Feucht- oder Trockenfutter für Katzen anbieten.

10 FUTTERKNÖDEL FÜR VÖGEL

HINWEIS
Bei einer großen Lerngruppe sollten Sie für die Zeit, in der das Fett erwärmt wird, eine zweite Lehrkraft oder anderes schulisches Personal um Unterstützung bitten, damit es nicht zu Unfällen kommt.

Jahrgangsstufe | 5–7
Dauer | 1,5–2 Unterrichtsstunden
Material |
- Kopiervorlage S. 30
- Kokosfett
- Futtermischung
- Speiseöl
- Kordel und Schere
- Töpfe und Herd zum Erwärmen des Fetts (alternativ: Backofen und feuerfeste Formen)

HINTERGRUND-INFORMATIONEN

Vor allem, wenn es draußen schneit und friert, wird das Nahrungsangebot für Wildvögel knapp. Auch wenn es unter Umweltschützer*innen umstritten ist, ob Wildvögel hierzulande überhaupt gefüttert werden müssen, kann in dieser Zeit eine **geeignete Futterstelle** helfen – z. B. in Form von Futterknödeln. Klassische Vogelhäuschen sind zwar weit verbreitet, doch fördern sie die Ausbreitung von Infektionskrankheiten, denn das ausgelegte Futter vermischt sich nicht selten mit dem Kot der darin sitzenden Vögel. Besser geeignet sind also hängende Futtervarianten, wie Meisenknödel oder Futterglocken – diese werden von verschiedenen Vogelarten angenommen. Im Handel sind oft Varianten erhältlich, die mit Plastiknetzen umspannt sind. Umweltschützer*innen kritisieren jedoch, dass hierbei das Risiko besteht, dass sich die Vögel mit ihren Beinen verheddern und verletzen können. Außerdem nehmen sie möglicherweise Plastikpartikel mit der Nahrung auf.
Expert*innen raten, die Futterstationen vor allem **bei Frost und Schnee** in den Wintermonaten November bis Februar aufzubauen bzw. aufzuhängen, da dann besonders viele Vögel versorgt werden können. Bei der Art des Futters gibt es verschiedene Möglichkeiten: Die meisten Vogelarten mögen Sonnenblumenkerne und gehackte Nüsse. Sogenannte Weichfutterfresser – wie Rotkehlchen oder Amseln – greifen gerne auch bei Haferflocken und Rosinen zu.

ZIEL DES PROJEKTS

Durch die Futterknödel können Schüler*innen die Tiere im Winter versorgen, gleichzeitig steigt ihr Bewusstsein für das Thema. Wenn sie die Vögel auf dem Schulhof oder auch zu Hause beim Fressen beobachten, stärkt das die Bindung zu den Tieren und der Natur.

SO GEHT'S

- In der **1. Stunde** – u. U. ist hier auch eine Teilstunde ausreichend – leiten Sie zunächst das Thema mit den oben aufgeführten Hintergrundinformationen ein und stellen die Idee vor, Futterknödel für den Schulhof, den eigenen Garten oder den Balkon herzustellen.
- Händigen Sie den Schüler*innen die Kopiervorlage (S. 30) aus und lesen Sie zusammen die Anleitung. Berechnen Sie nun gemeinsam die notwendige Gesamtmenge an Kokosfett, Sonnenblumenkernen und Haselnüssen.
- Besprechen Sie, wer welches Material besorgt und ob sich Schüler*innen beim Kauf zusammenschließen können.

HINWEIS

Der Ablauf ist so gehalten, dass zwei Personen das Erwärmen des gesamten Kokosfetts übernehmen, während alle anderen für ihre jeweiligen Gruppen in dieser Zeit die Kordel zuschneiden und die übrigen Zutaten abwiegen. Aus diesem Grund finden sich die pro Gruppe erforderlichen Längen- und Mengenangaben nicht in der Materialliste, sondern in der Anleitung.

- In der **2. Stunde** fertigen die Schüler*innen in 4er-Gruppen die Futterknödel nach der Schritt-für-Schritt-Anleitung auf der Kopiervorlage an.
- Nach dem Auskühlen wählen Sie gemeinsam mit den Schüler*innen gut geeignete Aufhängorte auf dem Schulgelände aus. Vermutlich werden nicht alle Knödel auf dem Gelände gebraucht, sodass einige Schüler*innen auch zu Hause im Garten oder auf dem Balkon kleine Futterstationen errichten können.

EXTRA-TIPP

Es ist zusätzlich (oder als Alternativprojekt) möglich, Futterhäuschen zu bauen, in denen die Vögel möglichst gut versorgt sind und gleichzeitig der Ausbreitung von Krankheiten vorgebeugt wird. Detaillierte Anleitungen finden Sie im Internet.

10 KV ANLEITUNG: FUTTERKNÖDEL FÜR VÖGEL (1/2)

Mit dieser Anleitung lassen sich in wenigen Schritten umweltfreundliche Futterknödel selbst herstellen. Ihr arbeitet dabei in 4er-Gruppen.

BENÖTIGTES MATERIAL (FÜR 8 KNÖDEL)

- ☑ Kokosfett
- ☑ 4 EL Speiseöl
- ☑ ungeschälte Sonnenblumenkerne
- ☑ gehackte Haselnüsse
- ☑ 4 Holzbretter als Unterlage
- ☑ Esslöffel
- ☑ Kordel, Schere und Maßband
- ☑ Küchenwaage und 2 Schüsseln
- ☑ Handtücher zum Reinigen der Hände

AUßERDEM (FÜR ALLE GRUPPEN ZUSAMMEN)

- ☑ 2 Töpfe und Herdplatten, alternativ Backofen und feuerfeste Schalen

Abb.: Blätter © SaimonSailent – Shutterstock.com; Meisenknödel © Julia Felicitas Allmann

10 KV ANLEITUNG: FUTTERKNÖDEL FÜR VÖGEL (2/2)

SO GEHT'S – SCHRITT FÜR SCHRITT

1. Bestimmt zwei Schülerinnen oder Schüler aus eurer Klasse, die das Kokosfett für alle Gruppen in zwei großen Töpfen auf dem Herd erwärmen.
   (Wichtig dabei: Es sollte weich genug zum Formen werden, aber keinesfalls heiß und flüssig. Dann würde es sehr lange dauern, bis es wieder fest genug ist, um die Knödel zu formen.)
2. Während das Fett erwärmt wird, arbeitet ihr in eurer Gruppe: Verteilt zunächst je ein Holzbrett pro Arbeitsfläche.
3. Dann schneidet ihr die Kordel auf acht Stücke von jeweils 30 cm Länge zurecht.
4. Nun wiegt ihr mit der Küchenwaage die Futtermischung ab, sodass 200 g Sonnenblumenkerne und 100 g gehackte Haselnüsse in einer Schüssel bereitstehen.
5. Sobald das Kokosfett gerade weich genug ist, wiegt ihr 300 g davon mit der anderen Schüssel ab.
6. Verrührt nun das Kokosfett, die Sonnenblumenkerne, die Haselnüsse und das Speiseöl miteinander in der Schüssel.
7. Gebt jedem Gruppenmitglied etwa ein Viertel der Masse auf das Holzbrett. Dort formt ihr mit den Händen jeweils zwei Knödel. Arbeitet dabei ein Ende der Kordel als Aufhänger direkt in die Masse ein.
8. Lasst die Futterknödel nun auf den Brettern auskühlen.
9. Jetzt könnt ihr die erkalteten Futterknödel an geeigneten Orten aufhängen.

HINWEIS

Der Platz zum Aufhängen sollte eher schattig sein, damit das Fett an sonnigen Tagen nicht schmilzt. Damit ihr die Vögel beim Fressen beobachten könnt, solltet ihr einen gut einsehbaren Standort wählen.

SCHMETTERLINGS-FREUNDLICHER SCHULHOF

Jahrgangsstufe | 5–10
Dauer | mind. 3 Unterrichtsstunden
Material |
- PCs mit Internetzugang
- abhängig von der gewählten Umsetzungsidee Samen, Pflanzen, Töpfe, Gartengeräte; wetterfeste Kleidung, Gartenhandschuhe
- für die Infotafeln: Pappen, Stifte, Laminierfolie, Laminiergerät

HINTERGRUND-INFORMATIONEN

Wenn von Insektenschutz die Rede ist, geht es nicht nur um Bienen und Hummeln – auch **Schmetterlinge** sind gemeint und verdienen die Aufmerksamkeit von Naturschützer*innen. Denn 80 % der in Deutschland heimischen Tagfalterarten sind bedroht.[5] Gefährlich für sie sind **die Zerstörung ihrer Lebensräume**, **Umweltgifte, die intensive Landwirtschaft und der Klimawandel**, der mit vielen Veränderungen ihrer Lebensbedingungen einhergeht. Dabei spielen Schmetterlinge eine wichtige Rolle in der Natur: Sie ernähren sich von Blütennektar und pudern sich nebenbei mit Pollen ein. Viele Pflanzen sind auf Schmetterlinge als Bestäuber angewiesen – eine Zusammenarbeit, die sich evolutionär entwickelt hat und nun gefährdet ist. Selbst wenn ein (Schul-)Garten grün ist und blühende Pflanzen beherbergt: Nicht immer können Schmetterlinge davon profitieren, denn Einheitsrasen oder exotische Zierpflanzen geben keinen Nektar. Auch mangelnde Vielfalt in der Pflanzenauswahl ist ein Problem, da jede Schmetterlingsart in ihren verschiedenen Stadien andere Pflanzen benötigt. Doch mit einigen einfachen Maßnahmen können Schüler*innen Schmetterlinge unterstützen – in jeder Jahreszeit.

ZIEL DES PROJEKTS

Die Schüler*innen gestalten den Schulgarten oder einen Teil des Schulgeländes so, dass Schmetterlinge dort Nahrung finden, geschützt sind und ihrer Rolle als Bestäuber nachgehen können. Gleichzeitig soll das Bewusstsein der Schüler*innen für die Relevanz der Falter zunehmen und wertvolles Wissen über die Kreisläufe der Natur vermittelt werden.

[5] https://www.bund.net/fileadmin/user_upload_bund/publikationen/tiere_und_pflanzen/schmetterlinge/wie_helfe_ich_den_schmetterlingen.pdf

SO GEHT'S

- Fragen Sie die Schüler*innen in der **1. Stunde**, was sie unter Insektenschutz verstehen und welche Tiere sie denn zu den Insekten zählen. Fällt das Wort „Schmetterlinge", geben Sie den Schüler*innen die Aufgabe, zu recherchieren, welche Lebensbedingungen für Schmetterlinge wichtig sind, sprich: wie ein schmetterlingsfreundlicher Garten aussehen muss. Die ermittelten Ergebnisse formulieren Sie gemeinsam mit den Schüler*innen als Fragebogen oder Checkliste. Ein*e Schüler*in bringt die Checkliste bis zur nächsten Stunde in Schriftform und druckt sie aus.

BEISPIELFRAGEN FÜR DIE CHECKLISTE

- ☑ Gibt es Flächen, auf denen sich die Natur frei entfalten kann, wo z. B. Wildblumen blühen oder Brennnesseln wachsen?
- ☑ Wachsen vor Ort heimische Pflanzen, wie Sommerflieder, Lavendel, Wilder Majoran oder Herbstastern? (Fotos und Listen von bei Schmetterlingen beliebten Pflanzen finden Sie z. B. beim BUND.)
- ☑ Gibt es Kräuterbeete? (Thymian, Minze oder Zitronenmelisse bieten Nektar für Schmetterlinge, wenn die Kräuter blühen. Raupen mögen vor allem Petersilie, Wilde Möhre, Brennnesseln und Brombeersträucher.)
- ☑ Werden Schädlingsbekämpfungsmittel oder andere Umweltgifte eingesetzt, die Schmetterlingen schaden?
- ☑ Wie oft und wie werden Wiesen gemäht? (Werden alle wilden Flächen auf einen Schlag gemäht, greift es den Lebensraum der Tiere an.)
- ☑ Gibt es Überwinterungsplätze für Schmetterlinge, wie Laubhaufen (s. „Winterquartiere für Igel und Insekten", S. 26) oder Efeu an der Hauswand?

- In der **2. Stunde** geht die Klasse auf Erkundungstour auf dem Schulgelände, beantwortet die Fragen und befragt den*die Hausmeister*in oder Schulleiter*in nach den noch offenen Punkten auf der Checkliste. Im Anschluss entscheidet die Klasse, wo Handlungsbedarf besteht – vielleicht ein Kräuterbeet in alten Töpfen pflanzen oder Wildblumen aussäen –, und recherchiert noch einmal zu den Umsetzungsmöglichkeiten ihrer Idee.

- In den **Folgestunden** versuchen die Schüler*innen, ihr Vorhaben zu realisieren. Abschließend beschriften sie ihr Werk mit einer Infotafel, um über das Projekt und den Hintergrund aufzuklären.

INSEKTENHOTEL IN DER DOSE

Jahrgangsstufe | 7–10
Dauer | 2–3 Unterrichtsstunden
Material |
- Kopiervorlagen S. 36–38
- Baumaterial und Werkzeug entsprechend der Anleitung auf der Kopiervorlage

HINTERGRUND-INFORMATIONEN

Wildbienen sind aus dem Naturhaushalt nicht wegzudenken, da bestimmte Blütenpflanzen nur von ihnen bestäubt werden. Ohne Bienen fällt ein Großteil unseres Nahrungsangebots weg (s. „Insektenbüfett", S. 39). Doch leider sind viele Insekten, wie mehr als die Hälfte aller **Wildbienenarten, vom Aussterben bedroht**. Ursachen dafür sind die sich ändernden Umweltbedingungen durch den Klimawandel, die industrielle Landwirtschaft, aber auch die moderne Gestaltung von Gärten. Denn Insekten fühlen sich in **möglichst naturbelassenen Gegenden** wohl: Morsche Obstbäume mit Löchern, wuchernde Hecken, brachliegende Streifen, totes Holz – all das dient als Unterschlupf für verschiedene Arten, ist aber bei vielen Gartenbesitzer*innen nicht beliebt. Stattdessen kultivieren sie exotische Pflanzen oder legen gar Schottergärten an (s. „Grün statt grau", S. 41). **Insektenhotels** können einen Beitrag leisten, diesem Trend entgegenzuwirken. Sie dienen zur **Überwinterung** oder als **Nisthilfe** und können so Wildbienen und anderen gefährdeten Tieren beim Überleben helfen. Die Insektenhotels in diesem Projekt werden vor allem von Wildbienen und Wespen angenommen.

ZIEL DES PROJEKTS

Durch den Bau kleiner Insektenhotels tragen die Schüler*innen dazu bei, dem Trend des Insektensterbens entgegenzuwirken. Sie sollen ihr Bewusstsein für diese Problematik schärfen und idealerweise auch eventuelle Ängste gegenüber Insekten abbauen.

SO GEHT'S

- Sprechen Sie mit der Klasse zur Einführung in der **1. Stunde** über die zuvor geschilderten Zusammenhänge, erklären Sie die Problematik des Insektensterbens und stellen Sie die Idee vor, dass jede*r Schüler*in ein kleines Insektenhotel bastelt.
- Verteilen Sie nun die Kopiervorlagen S. 36–38 und sprechen Sie den Ablauf der einzelnen Schritte durch. Teilen Sie die Schüler*innen in 3er-Gruppen ein, damit sie sich jeweils zu dritt das Werkzeug teilen können. Sprechen Sie ab, wie die Beschaffung des Materials abläuft.
- Falls noch Zeit ist, bestimmen Sie auf dem Schulhof mehrere Orte zum Aufhängen der Dosen und sprechen Sie ab, wer ein Insektenhotel mit nach Hause nimmt, um es dort aufzuhängen. Alternativ erfolgt dieser Schritt nach der Fertigstellung.
- In der **2. Stunde** erfolgt der Bau der Insektenhotels gemäß der Anleitung auf der Kopiervorlage. Planen Sie ggf. **eine weitere Stunde als Puffer** ein, falls etwas nicht auf Anhieb klappen sollte.
- Sind die Insektenhotels fertig, werden sie an geeigneten Orten aufgehängt. Um die anderen Schüler*innen über die Hintergründe der Dosen zu informieren, kann eine Nachricht auf der Schulhomepage oder ein Aushang in der Pausenhalle veröffentlicht werden.
- Die spätere Pflege der Insektenhotels ist übrigens nicht besonders aufwändig. Wenn es keine Beschädigungen gibt, ist gar nichts zu tun. Trotzdem sollte die Klasse im weiteren Verlauf des Schuljahres immer mal wieder ein Auge auf ihre Insektenhotels haben, falls ein Röhrchen herausfällt und ausgebessert werden muss.

EXTRA-TIPP

Es ist auch möglich, ein großes Insektenhotel mit verschiedenen Nistabteilungen zu bauen: Hier werden in einem großen Holzgestell z. B. Dosen mit Bambusröhrchen mit Materialien wie Tannenzapfen, Ziegelsteinen, gebohrten Baumstämmen etc. kombiniert. Anleitungen für ein solches (recht aufwändiges) Projekt finden sich im Internet oder bei Naturschutzvereinen. Vielleicht wäre das eine schöne Aktion für eine Projektwoche?

12 KV ANLEITUNG: INSEKTENHOTEL BAUEN (1/3)

BENÖTIGTES MATERIAL (PRO PERSON)

- ☑ leere Konservendose (Durchmesser: 7,5 cm, Inhalt: 400 ml)
- ☑ Bambusröhrchen in verschiedenen Dicken (insgesamt ca. 5–6 m)
- ☑ ca. 50 cm Kordel
- ☑ etwas Biowatte
- ☑ Gartenschere

WEITERES BENÖTIGTES WERKZEUG (PRO 3ER-GRUPPE)

- ☑ Zange
- ☑ Hammer und Nagel
- ☑ langes Holzstäbchen oder kleiner Handbohrer
- ☑ Schleifpapier

Abb.: Blätter © SaimonSailent; Bastelmaterial © lcrms – Shutterstock.com

12 KV

ANLEITUNG: INSEKTENHOTEL BAUEN (2/3)

SO GEHT'S – SCHRITT FÜR SCHRITT

1. SCHRITT: VORBEREITUNG DER DOSE

- ☑ Stellt zunächst sicher, dass die Dose gut gereinigt ist. Sie sollte keine Reste enthalten, aber auch nicht mit Spülmittel gesäubert sein, da das die geruchsempfindlichen Insekten stören könnte.
- ☑ Biegt mit der Zange den scharfen Rand der Dose nach innen um. Das geht am besten, wenn ihr die Dosenwand zwischen die Zange nehmt und diese zusammendrückt.
- ☑ Schlagt mit Hammer und Nagel mehrere Löcher in den Boden der Dose, um für Luftzirkulation zu sorgen. So kann später auch eventuelle Nässe besser trocknen.

2. SCHRITT: VORBEREITUNG DER BAMBUSRÖHRCHEN

Ziel ist es, dass die Dose eng mit Röhrchen gefüllt ist. Diese sollten vorn ungefähr mit der Dose abschließen.

- ☑ Nehmt ein Bambusröhrchen als Maß und schneidet es mit der Gartenschere auf die richtige Länge zurecht. Es dient von jetzt an als Orientierung für die weiteren Röhrchen.
- ☑ Schneidet so viel Bambus auf die richtige Länge zurecht, bis genügend Füllung für die Konservendose vorhanden ist.

HINWEISE

- ☑ Schneidet die Röhrchen so ab, dass bis zum ersten Halmknoten, der die Rohre unterteilt, mindestens 8 cm Platz für die Tiere sind.
- ☑ Falls die Röhrchen nicht hohl sind, befreit sie mit einem Holzstäbchen oder Handbohrer von den Resten im Innern.
- ☑ Die Stängel dürfen aber nicht durchgehend hohl sein: Achtet darauf, dass sie entweder am Ende einen Halmknoten haben oder aber gebt etwas Biowatte in das offene Ende des Röhrchens, um es zu verschließen.

- ☑ Falls nötig, glättet die Schnittkanten der Röhrchen mit Schleifpapier. Bienen und Wespen erkennen sofort die Gefahr, falls es spitze Kanten gibt, und suchen sich lieber einen anderen Unterschlupf.

12 KV ANLEITUNG: INSEKTENHOTEL BAUEN (3/3)

3. SCHRITT: BEFÜLLEN UND AUFHÄNGEN DER DOSE

- ☑ Steckt die Röhrchen in die Dose, bis diese komplett gefüllt ist. Dreht die Dose einmal auf den Kopf, um sicherzustellen, dass keine Bambusstangen herausfallen. Ansonsten gebt weitere Röhrchen hinzu.
- ☑ Bindet ein Ende der Kordel fest um die Dose und stellt dabei sicher, dass die Röhrchen waagerecht ausgerichtet sind, indem ihr die Kordel mittig um die Dose bindet.
- ☑ Hängt das fertige Insektenhotel an einem geeigneten Ort auf.

HINWEIS

Damit das Insektenhotel von den Tieren gut angenommen wird, ist ein ausreichender Schutz vor Wind, Kälte und Feuchtigkeit notwendig. Die Dose sollte nicht hin- und herschaukeln. Eine Ausrichtung nach Süden ist ideal, am besten sollte möglichst oft Sonne auf das Insektenhotel scheinen.

13 INSEKTENBÜFETT

Jahrgangsstufe | 5–10
Dauer | ca. 2–3 Unterrichtsstunden
Material |
- insektenfreundliche Pflanzen zum Eintopfen je nach Rechercheergebnis
- alte Pflanzgefäße, torffreie Erde oder Kies, Tonscherben oder Steine
- Schaufel/Pflanzkelle, Handschuhe, Gießkanne, Wasser

HINTERGRUND-INFORMATIONEN

Auf der Erde leben **Millionen verschiedener Insekten**, sie bilden weit mehr als die Hälfte aller Tierarten und erfüllen viele Funktionen innerhalb fast aller Ökosysteme auf dem Planeten. So gehören Insekten zu den wichtigsten **Pflanzenbestäubern** und sichern damit den Fortbestand der Pflanzenwelt und einen Großteil der menschlichen Ernährung. Sie bilden die **Nahrungsgrundlage** für viele Säugetiere, Vögel oder Reptilien und sind auch bei der Verwertung und Remineralisierung organischer Stoffe unersetzlich. Außerdem verhindern sie – vor allem in der biologischen Landwirtschaft, in der keine Pestizide eingesetzt werden dürfen – die Ausbreitung schädlicher Insekten. Es stellt deshalb ein großes Problem dar, dass die vorhandenen Insektenarten und ihre Bestände seit Jahrzehnten dramatisch zurückgehen. Für das **weltweite Insektensterben** gibt es verschiedenste Gründe, etwa den Einsatz von Umweltgiften, Klimaveränderungen und die Rahmenbedingungen der industriellen Landwirtschaft. Natürlich kann ein Schulprojekt nicht das grundlegende Problem des Insektensterbens bekämpfen – aber zumindest dazu beitragen, dass es wieder mehr Nahrungsangebote für Insekten gibt, damit diese überleben und sich weiter fortpflanzen können.

ZIEL DES PROJEKTS

Die Schüler*innen erweitern ihr Wissen über Insekten und erfahren, welche Folgen das Insektensterben für Mensch, Tier und Pflanze hat. Durch ein Insektenbüfett tragen sie einen Teil zum Überleben von Biene, Hummel & Co. bei.

SO GEHT'S

- Zum Einstieg besprechen Sie in der **1. Stunde** auf Grundlage der oben aufgeführten Informationen die große Relevanz von Insekten und die Problematik des anhaltenden Insektensterbens.
- Dann erhalten die Schüler*innen einen Rechercheauftrag: Sie finden im Internet heraus, welche Pflanzen besonders gut für Insekten geeignet sind und welche Anforderungen diese an Standort, Pflege etc. stellen. Anschließend werden die Ergebnisse zusammengetragen und die Aufgaben für die **2. Stunde** aufgeteilt: Je eine 2er-Gruppe kümmert sich um das Eintopfen und die Pflege einer insektenfreundlichen Pflanze. Diese können entweder von den Schüler*innen selbst oder gebündelt über Sie besorgt werden.
- Die Pflanzgefäße sollten möglichst nicht neu gekauft werden, hier bietet sich im Sinne der Nachhaltigkeit eine Wiederverwendung von Gefäßen an, die die Schüler*innen zu Hause finden. Möglich sind Blumentöpfe, Schalen, Gefäße aus Porzellan oder Metall. Sie sollten ein Loch im Boden haben – ist das nicht der Fall, sollte eines hineingebohrt werden. Erforderlich ist außerdem ein Stein oder eine Tonscherbe, die die Schüler*innen auf das Loch im Gefäßboden legen, damit das Wasser abfließen kann.

Einige Beispiele für insektenfreundliche Pflanzen:

- Wiesensalbei
- Schneeglöckchen
- Wilde Malve
- Kornblume

- Nun pflanzen die Schüler*innen die Pflanze mit torffreier Erde in das Gefäß. Es ist wichtig, dabei auf genügend Platz und Abstand zu achten, damit die Pflanzen noch wachsen können. Die Schüler*innen gießen die Pflanzen und kümmern sich das weitere Schuljahr über um ihre Pflege.
- Bestimmen Sie für das Aufstellen des Insektenbüfetts einen Ort bzw. je nach Anspruch der Pflanzen mehrere Orte auf dem Schulgelände. Abschließend fertigt jede Kleingruppe noch ein kurzes Infoschild zur Pflanze an.

EXTRA-TIPP

Bei heißen Temperaturen freuen sich Insekten auch über eine Tränke. Dafür platzieren die Schüler*innen Steine in einer flachen Schale und füllen diese regelmäßig so weit mit Wasser auf, dass die Steine noch etwa zur Hälfte aus dem Wasser schauen. Moos am Rand der Fläche hilft Insekten beim Landen.

GRÜN STATT GRAU

Jahrgangsstufe | 7–10
Dauer | mind. 2 Unterrichtsstunden
Material |
- PCs mit Internetzugang
- Kameras/Handys zur fotografischen Dokumentation
- Schreibmaterial

HINTERGRUND-INFORMATIONEN

Immer mehr Asphaltflächen und Siedlungen, Flächen mit Pflastersteinen oder Schottergärten, die pflegeleicht und bei einigen Grundstücksbewohner*innen beliebt, aber überhaupt nicht umweltfreundlich sind – all das trägt zur **Bodenversiegelung** bei. Das bedeutet, dass der Boden luft- und wasserdicht abgedeckt wird. Doch durch weniger versickerndes Regenwasser **sinken die Grundwasservorräte**, außerdem sind örtliche **Überschwemmungen** möglich. Bei versiegelten Böden kann auch kein Wasser verdunsten, so tragen diese Bereiche im Sommer nicht zur erforderlichen Kühlung der Luft bei. Auch der Gasaustausch des Bodens mit der Atmosphäre wird reduziert. Als Standort für Pflanzen sind versiegelte Böden ungeeignet, sodass es **weniger Blumen, Bäume und Sträucher** gibt, die als Schattenspender, Wasserverdunster sowie Lebensräume für Tiere dienen. Die Bodenfruchtbarkeit wird durch zu viele Asphalt-, Beton- oder Schotterflächen also stark beeinträchtigt und das ist nur schwer rückgängig zu machen: Denn wenn der Boden dauerhaft von Luft und Wasser abgeschlossen ist, zerstört das die **Bodenfauna**, die sich auch nach einer Entsiegelung des Bodens nur über einen langen Zeitraum wiederherstellen lässt. Deshalb ist es zum Schutz der Umwelt extrem wichtig, dass es genügend **Grünflächen** gibt und der Zunahme versiegelter, grauer Flächen entgegengewirkt wird.

ZIEL DES PROJEKTS

Die Schüler*innen befassen sich mit der Problematik der zunehmenden Bodenversiegelung und erweitern ihr Wissen zum Thema. Wenn ihre Konzepte umgesetzt werden, profitieren Umwelt und Klima – und das Schulgelände wird grüner.

SO GEHT'S

- Unternehmen Sie mit den Schüler*innen in der **1. Stunde** einen Spaziergang durch das angrenzende Wohngebiet, bei dem die Klasse den Auftrag erhält, auf die Bebauung des Bodens zu achten: Wie sind die Flächen gestaltet, wie die Wege, die Übergänge, die Vorgärten? Welche Farben herrschen vor? Sprechen Sie dabei das Thema Bodenversiegelung an und besprechen Sie die Nachteile grauer Flächen für die Natur.
- Im nächsten Schritt folgt eine Bestandsaufnahme auf dem Schulgelände: In kleinen Gruppen nehmen die Schüler*innen Schulhof, Zufahrten, Pausenflächen, Wege usw. unter die Lupe und dokumentieren ihre Ergebnisse schriftlich und auf Fotos. Wo gibt es grüne Flächen, wo versiegelte Böden?
- In der **2. Stunde** tragen die Gruppen ihre Ergebnisse im Klassenraum zusammen und stellen fest, wo es auf dem Schulgelände grüne Flächen gibt, wo noch Potenzial für weitere Rasen- oder Beetbereiche besteht, welche Flächen versiegelt sind etc. Nun teilen die Schüler*innen die definierten Problembereiche unter sich auf: Kleine Teams entwickeln Konzepte, um das Schulgelände grüner zu machen, einer zunehmenden Versiegelung entgegenzuwirken und sogar graue Flächen zu entsiegeln oder mit grünen Elementen zu durchbrechen. Hierzu ist gegebenenfalls eine Internetrecherche notwendig.
- Die Ideen der einzelnen Gruppen werden am Ende der Stunde schriftlich formuliert und zusammengefasst, um sie anschließend der Schulleitung zu übergeben. Falls es kleinere Aufgaben und Projekte gibt, die die Klasse oder eine AG selbst umsetzen kann, wird deren Realisierung in einem Folgeprojekt angegangen.

INTERNET-TIPP

Bepflanzte Flächen können für die Schüler*innen auch einen zusätzlichen Zweck erfüllen, z. B. in Form von Gemüsebeeten. Diese könnten von einer AG angelegt und über das ganze Schuljahr hinweg betreut werden. Eine Anleitung dazu mit Informationen und Unterrichtsmaterial finden Sie bspw. im Netz bei der „GemüseAckerdemie".

15 FAHRRADFREUNDLICHE SCHULUMGEBUNG

Jahrgangsstufe | 5–10
Dauer | 2 Unterrichtsstunden
Material |
- PCs mit Internetzugang
- Kameras/Handys zur fotografischen Dokumentation
- Schreibmaterial

HINTERGRUND-INFORMATIONEN

Fahrradfahren zählt zu den **klimafreundlichsten Arten der Fortbewegung**. Der Straßenverkehr nahm bspw. im Jahr 2019 mit 18 % einen großen Anteil an den Treibhausgas-Emissionen in Deutschland ein.[6] Pro Tag legen Menschen in Deutschland 3,2 Mrd. Kilometer zurück – davon nur 3 % mit dem Fahrrad. Autos werden in knapp der Hälfte aller Fälle für Fahrten genutzt, die nicht länger als 5 km sind[7] – eine Strecke, die man gut mit dem Rad zurücklegen kann und die einem typischen Schulweg entsprechen könnte. Wenn mehr Menschen aufs Rad umsteigen, können sie einen großen Fortschritt bei den **Treibhausgas-Emissionen** bewirken – es müssen allerdings die entsprechenden Voraussetzungen geschaffen sein, damit das Fahrradfahren auch Spaß macht. Vor allem im Schulumfeld zählen dazu gut ausgebaute und sichere **Radwege**, auch ausreichende **Abstellmöglichkeiten** in Form von (überdachten) Fahrradständern sollten vorhanden sein. Je weniger Schüler*innen von den Eltern gebracht werden oder sich später selbst ans Steuer setzen, umso besser. Gleichzeitig sind das Fahrradfahren und die viele Bewegung an der frischen Luft natürlich viel gesünder.

ZIEL DES PROJEKTS

Das Projekt soll die Aufmerksamkeit der Schüler*innen auf die Problematik lenken, kurze Wege, besonders den Schulweg, mit dem Auto zurückzulegen. Durch die Gestaltung einer fahrradfreundlicheren Schulumgebung sorgt die Klasse dafür, dass mehr Schüler*innen mit dem Rad kommen und das Klima entlasten.

[6] vgl. https://www.umweltbundesamt.de/themen/verkehr-laerm/nachhaltige-mobilitaet/radverkehr#-und-darum-forderungswurdig
[7] ebd.

SO GEHT'S

- Sammeln Sie mit den Schüler*innen in der **1. Stunde** in einem kurzen Brainstorming Möglichkeiten, wie man zur Schule kommen kann. Leiten Sie dann zu einer Diskussion über, warum einige Schüler*innen mit dem Fahrrad zur Schule kommen und andere nicht. Sammeln Sie auch Informationen darüber, wie gut es um die Fahrradfreundlichkeit von Schule und Umgebung bestellt ist: Was würde sich die Klasse wünschen und was klappt bereits gut?

- Im Anschluss geht die Klasse für den Rest der Stunde hinaus, um zu überprüfen, wie es auf dem Schulgelände und in der direkten Umgebung wirklich aussieht. Schwachstellen können mit einer Kamera bzw. dem Handy dokumentiert werden.

- Zurück im Klassenraum, identifizieren die Schüler*innen in der **2. Stunde** die Problemfelder und teilen deren Bearbeitung in Gruppen auf. Dabei sammeln sie (kreative) Ideen, was die Fahrradbenutzung für die Schüler*innen attraktiver machen könnte. Mögliche Ansätze könnten sein:
  - mehr und besser ausgestattete, möglichst überdachte und bei Dunkelheit beleuchtete Fahrradständer
  - bessere Radwege und sicherere Übergänge
  - allen Schüler*innen zugängliche Luftpumpen
  - eine Fahrradwerkstatt (z. B. in Form einer AG)
  - gute Aufbewahrungsmöglichkeiten für Fahrradhelme oder Regenkleidung
  - eine Anlaufstelle, bei der sich Schüler*innen Schlösser, Regencapes etc. ausleihen können

- Die Schüler*innen formulieren in ihren Gruppen Vorschläge und recherchieren, was für deren Umsetzung nötig wäre bzw. wer Ansprechpartner*innen (Schulleitung, Lehrkräfte, Stadt) sind. Im Anschluss überreichen sie den entsprechenden Stellen die Ergebnisse und bieten nach Möglichkeit ihre Beteiligung bei der Umsetzung an.

EXTRA-TIPP

Auch eine Rad-Challenge zwischen mehreren Klassen kann zu mehr Lust aufs Rad führen. Über einen Monat hinweg bekommt die Klasse je einen Punkt für jede*n Schüler*in, der*die mit dem Rad zur Schule kommt. Die Klasse mit den meisten Punkten gewinnt – vielleicht möchte die Schulleitung einen Preis spendieren.

ENERGIESPARKONZEPT FÜR DIE SCHULE

Jahrgangsstufe | 5–7
Dauer | 2 Unterrichtsstunden
Material | PCs mit Internetzugang, Textbearbeitungsprogramm, Drucker
weiteres Material in Abhängigkeit von den umzusetzenden Ideen

HINTERGRUND-INFORMATIONEN

Soll der Ausstoß von Treibhausgasen reduziert werden, geht es nicht nur um Verkehr oder Ernährung: Auch der **Energieverbrauch** zu Hause und in anderen Gebäuden hat großen Einfluss. Laut Umweltbundesamt macht das **Heizen** beim jährlichen Pro-Kopf-Ausstoß von CO_2 rund 14 % aus, der **Stromverbrauch** beeinflusst den Ausstoß zu 6,5 %.[8] In Schulgebäuden ist es häufig vor allem die **Beleuchtung**, die viel Strom verbraucht (und die sich leicht reduzieren lässt), gefolgt von der Heizung und dem Betrieb von Geräten.[9] An diesen Stellen könnten Schüler*innen also schon aktiv werden. In Bezug auf die Beleuchtung können schon „Licht aus!"-Aufkleber an der Klassentür helfen oder die Einteilung von Verantwortlichen, die dafür sorgen, dass kein leerer Raum hell beleuchtet zurückbleibt. Beim Heizen kommt es nicht nur auf die gefühlte Temperatur im Klassenzimmer an: Hier geht es um große Faktoren, wie die Wärmedämmung des Gebäudes und den Modernisierungsstand der Heizungsanlage. Und auch das **Lüften** ist entscheidend, denn wenn Fenster z. B. in den Pausen dauerhaft gekippt sind, um für Frischluft zu sorgen, treibt das den Energieverbrauch der Heizung in die Höhe. Wollen Schüler*innen den Stromverbrauch elektrischer Geräte reduzieren, hilft es besonders bei alter Technik, den **Stand-by-Betrieb** zu vermeiden. Es gibt also viele Ansatzpunkte zum Energiesparen an der Schule – und viele benötigen gar keinen großen Aufwand, um erhebliche Effekte zu erzielen.

[8] vgl. https://www.umweltbundesamt.de/themen/wirtschaft-konsum/konsum-umwelt-zentrale-handlungsfelder/klimaneutral-leben-verbraucher-starten-durch-beim%20-%20textpart-2#von-prioritaren-bedarfsfeldern-zu-prioritaren-massnahmen
[9] vgl. https://www.klimanet.baden-wuerttemberg.de/strombedarf-schule

ZIEL DES PROJEKTS

Die Schüler*innen sollen Kenntnisse über ihren Energieverbrauch und mögliche Einsparpotenziale erwerben. Sie entwickeln Ideen, wie man den Stromverbrauch in der Schule (und zu Hause) reduzieren kann. Gleichzeitig profitieren die Schule und natürlich das Klima, wenn einige der Maßnahmen erfolgreich umgesetzt werden.

SO GEHT'S

- Besprechen Sie mit den Schüler*innen in der **1. Stunde**, welche Faktoren Einfluss auf den Energieverbrauch haben. Nehmen Sie dafür eine Bestandsaufnahme im Klassenraum auf: Wofür wird im Sommer/im Winter Energie aufgewandt? Wo wird sie verschwendet? Sehen Sie sich mit der Klasse auch im Schulgebäude um.
- Anschließend entwickelt die Klasse Ideen, auch schwer umsetzbare, wie die einzelnen Faktoren positiv beeinflusst werden können, etwa:
  - an allen Schaltern „Licht aus!"-Schilder anbringen
  - eine*n Verantwortliche*n ernennen, der*die sich nach jeder Stunde um das Lichtausschalten kümmert
  - den Stand-by-Modus technischer Geräte vermeiden, z. B. durch Master-Slave-Steckdosen
  - die Temperaturregulierung im Klassenraum untersuchen (Stoßlüften vs. Dauerlüften)
  - Thermostatventile anbringen, um unnötiges Heizen zu vermeiden
  - die Beleuchtung in den Klassenräumen auf LED umstellen, falls energieintensivere Leuchtmittel verwendet werden
  - Solarzellen auf dem Schuldach installieren
  - Ökostrom beziehen
  - die Hauswand besser dämmen
- In der **2. Stunde** klassifizieren die Schüler*innen die verschiedenen Aspekte nach ihrer Durchführbarkeit. Die Klasse wählt zwei gut umsetzbare und eine schwer umsetzbare Idee aus, teilt sich in drei Gruppen und kümmert sich um die Realisierung: Bei den gut umsetzbaren Ideen kann recherchiert, informiert und ggf. sofort Hand angelegt werden. Bei der schwer umsetzbaren Idee recherchieren die Schüler*innen zunächst Mittel und Wege und legen anschließend der Schulleitung ihren Vorschlag vor.

MÜLLVERMEIDUNG & RECYCLING

BROTBEUTEL AUS KÜCHENHANDTUCH NÄHEN

Bitten Sie die Schüler*innen im Vorfeld, für die Stunde ein altes Geschirrtuch und einen Schnürriemen mitzubringen (s. Material).

Jahrgangsstufe | 5–10

Dauer | 2 Unterrichtsstunden

Material |
- Kopiervorlagen S. 50/51
- ein noch gut erhaltenes, möglichst klein kariertes, gewaschenes und gebügeltes Geschirrhandtuch pro Person
- ein gut erhaltener und gewaschener Schnürriemen (ca. 1 m) pro Person
- Material laut Kopiervorlage

HINTERGRUND-INFORMATIONEN

Dass **Plastiktüten** ein großes Problem für die Umwelt sind, ist allgemein bekannt. Deshalb wurden sie weitgehend verbannt und vielerorts durch **Papiertüten** ersetzt, doch auch diese sollten nicht unkritisch und nicht nur für eine kurze Nutzungsdauer eingesetzt werden: Die Produktion von Papiertüten benötigt **viel Energie und Wasser**. Außerdem haben leider noch nicht alle Papiertüten einen hohen Anteil an recyceltem Material. Hinzu kommt, dass Papiertüten meistens schwerer sind als Plastiktüten und dicker sein müssen, um das gleiche Gewicht halten zu können. Dadurch wird im Vergleich zu Plastiktüten mehr Material eingesetzt und es steigen die Emissionen beim Transport der Tüten: vom Herstellungs- zum Verkaufsort und auch beim Transport der in vergleichsweise schwere Tüten verpackten Waren. Daher sollte man Papiertüten so oft wie möglich wiederverwenden – und das gilt nicht nur für große Einkäufe. Auch für **Brötchentüten** gelten die genannten Fakten. Da diese meist nur sehr kurz vom Besuch in der Bäckerei bis nach Hause – oder vom Brötchenkiosk zurück zur Schule – benutzt werden, sind sie nicht besonders umweltfreundlich. Eine gute Alternative stellen **Stoffbeutel** dar, in denen Kund*innen die Backwaren transportieren können. Dabei ist es natürlich am besten, wenn diese nicht für den Zweck neu angeschafft werden – sondern **aus alten Stoffen** hergestellt werden. Zum Nähen eines Brotbeutels bieten sich Küchenhandtücher an, die sich in wenigen Schritten in einen wiederverwendbaren Beutel für die nächsten Einkäufe in der Bäckerei verwandeln.

ZIEL DES PROJEKTS

Die Schüler*innen erfahren, welche Ressourcen auch für die als umweltfreundlich geltenden Papiertüten benötigt werden und warum diese nicht für eine einmalige Benutzung geeignet sind. Wenn sie einen eigenen Beutel genäht haben und ihn immer wieder verwenden, tragen sie erheblich zur Ressourceneinsparung bei.

HINWEISE

- ☑ Das Projekt eignet sich für Handarbeitsstunden, Textil-AGs o. Ä., kann aber auch ohne größere Vorkenntnisse in einem anderen Fach durchgeführt werden. Entscheiden Sie also je nach Situation vorab, ob die Schüler*innen die notwendigen Nähutensilien bereits dabeihaben oder im Vorfeld darum gebeten werden müssen, diese mitzubringen.
- ☑ Auf der Kopiervorlage finden Sie die Anleitung, um den Beutel mit der Hand zu nähen. Es geht natürlich auch mit einer Nähmaschine, falls diese vorhanden ist und die Schüler*innen damit umzugehen wissen.
- ☑ Hilfreich ist es, wenn das mitgebrachte Geschirrtuch klein kariert ist, da so bereits Linien vorhanden sind, an denen sich die Schüler*innen beim Nähen orientieren können.
- ☑ Sollten einige Schüler*innen keine Möglichkeit haben, ein solches Handtuch von zu Hause mitzubringen, könnte vielleicht eine andere Familie (oder Sie als Lehrkraft) aushelfen.

SO GEHT'S

- Besprechen Sie in der **1. Stunde** mit der Klasse die nur vermeintliche Umweltfreundlichkeit von Einwegtüten aus Papier und deren gute Alternativen. Leiten Sie auf das Vorhaben über, heute einen individuellen Brotbeutel aus Stoff zu nähen.
- Die Schüler*innen nähen im Folgenden und in der **2. Stunde** den Brotbeutel nach der Anleitung auf der Kopiervorlage.

EXTRA-TIPP

Solche Beutel eignen sich natürlich auch für andere Zwecke, z. B. aus besonders schönem Stoff als wiederverwendbare Geschenkbeutel für Weihnachten oder Geburtstage – das spart eine große Menge Papier ein.

17 KV ANLEITUNG: BROTBEUTEL NÄHEN (1/2)

Diese Anleitung hilft dir in wenigen Schritten dabei, einen wiederverwendbaren Brotbeutel zu nähen. Damit sparst du Papier sowie andere wertvolle Ressourcen – und schonst die Umwelt.

BENÖTIGTES MATERIAL

- ☑ Geschirrtuch
- ☑ mehrere Stecknadeln
- ☑ Schnürriemen (ca. 1m)
- ☑ Nadel
- ☑ festes Garn
- ☑ Sicherheitsnadel

SO GEHT'S – SCHRITT FÜR SCHRITT

1. Lege das Geschirrtuch quer vor dich hin, und zwar mit der späteren Innenseite des Beutels nach oben.
2. Klappe nun die obere Kante des Tuches etwa 2 cm breit nach unten um. (Wenn du ein Tuch mit Karomuster hast, lege es so, dass die Kante gerade an einem Streifen des Musters liegt.)
3. Stecke den Stoff an der Linie grob mit Stecknadeln ab.
4. Nähe die Kante fest. Orientiere dich dabei, wenn möglich, an den Streifen des Tuches, damit sie gerade wird. Damit ist der Tunnel für die Kordel entstanden.

17 KV ANLEITUNG: BROTBEUTEL NÄHEN (2/2)

5. Greife das Tuch an den oberen Ecken und klappe es so zusammen, dass die lange Seite halbiert wird. Die spätere Innenseite sollte nun außen liegen. Jetzt nähst du die beiden offenen Seiten unterhalb des Tunnels zusammen. Der obere Bereich des Tunnels bleibt offen, da hier später der Schnürriemen durchgezogen wird.

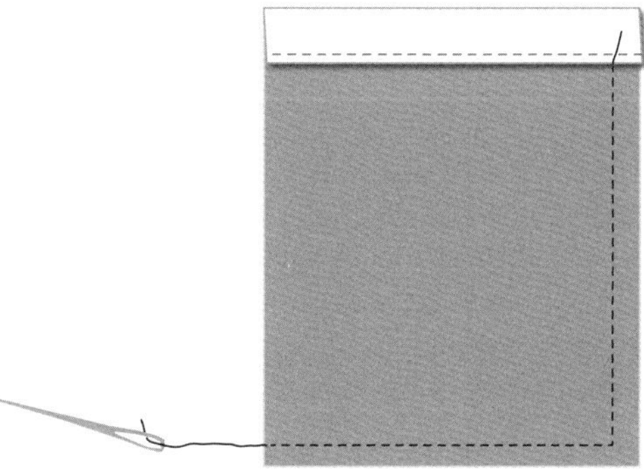

6. Sind alle Nähte geschafft, stülpst du den Beutel einmal um, sodass die äußere Seite außen liegt.
7. Jetzt fehlt nur noch der Schnürriemen. Dafür befestigst du die Sicherheitsnadel an einem Ende des Schnürriemens, steckst sie in den Tunnel und ziehst den Riemen Stück für Stück hindurch.
8. Kommt er an der anderen Seite heraus, entfernst du die Sicherheitsnadel und verknotest die beiden Enden des Schnürriemens miteinander. Nun kannst du den Beutel zuziehen und verwenden.

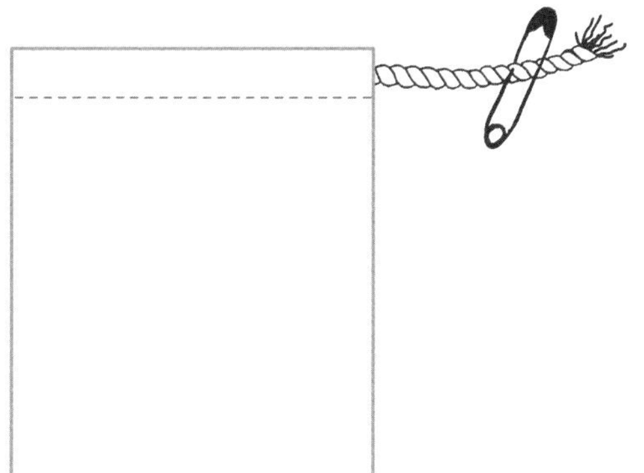

Abb.: Blume © SaimonSailent – Shutterstock.com

BIENENWACHSTÜCHER HERSTELLEN

HINWEIS
Bei einer großen Lerngruppe sollten Sie für die Arbeit mit Wasserbad und Bügeleisen eine zweite Lehrkraft oder anderes schulisches Personal um Unterstützung bitten, damit es nicht zu Unfällen kommt.

Jahrgangsstufe | 7–10

Dauer | 2 Unterrichtsstunden

Material |
- Rolle oder Stück Alufolie
- Rolle oder Stück Frischhaltefolie
- Bienenwachstuch
- Kopiervorlage S. 54
- Zutaten und Material laut Kopiervorlage
- ggf. Zickzackschere
- Spülbürste, Spülmittel, Geschirrtuch

HINTERGRUND-INFORMATIONEN

Wer ein Stück Obst einwickeln, eine Schüssel abdecken oder ein belegtes Brötchen verstauen will, greift oft zu **Alu- oder Frischhaltefolie**. Doch beide Varianten **belasten den Planeten**. Alufolie besteht aus dem wertvollen Rohstoff Aluminium. Für die Herstellung muss Bauxit, das in der Erdkruste vorkommt, abgebaut werden. Die Gewinnungsgebiete liegen vor allem in China, Australien, Brasilien und Indien, wo z. T. Regenwald gerodet wird, um die weltweite Nachfrage zu bedienen. Deshalb sind Umweltschutzverbände der Ansicht, dass Aluminium nur für langlebige Produkte, wie Rohre oder Autoteile, verwendet werden sollte – nicht für **Wegwerfware** wie Alufolie. Auch wenn sie nach der Benutzung im Gelben Sack oder der Wertstofftonne landet: Da das Material sehr dünn ist, geht beim Recycling viel verloren. Auch Frischhaltefolie ist keine so umweltfreundliche Alternative: Sie besteht aus Polyethylen, das zwar als „besserer Kunststoff" gilt, da er keine Weichmacher enthält und sich besser recyceln lässt als andere Kunststoffarten. Der Ausgangsstoff Ethylen wird jedoch aus Erdöl hergestellt und die Produktion der Frischhaltefolie ist **energieaufwändig**. Daher ist auch diese nicht für eine kurze, einmalige Benutzung geeignet, wenn man die Umwelt schützen möchte. **Bienenwachstücher** stellen in vielen Situationen eine gute Alternative zu den beiden Folien dar. Sie erfüllen beim Abdecken und Verpacken von Lebensmitteln den gleichen Zweck und können häufig wiederverwendet werden. Solche Tücher kann man nicht nur in Unverpacktläden oder gut sortierten Drogeriemärkten kaufen, sondern auch selbst herstellen.

ZIEL DES PROJEKTS

Mit den Bienenwachstüchern können die Schüler*innen den Bedarf an Alu- und Frischhaltefolie reduzieren und eine Alternative für sich und ihre Familien erschaffen. Außerdem überdenken sie idealerweise ihr Verhalten bei der Nutzung von Wegwerfprodukten.

SO GEHT'S

- Bringen Sie in der **1. Stunde** Frischhalte- und Alufolie mit in den Unterricht und erfragen Sie, ob die Schüler*innen diese Produkte im Haushalt verwenden und wofür. Schildern Sie im Anschluss die Nachteile dieser Wegwerfprodukte und sammeln Sie in einem Brainstorming kreative Ideen, wie man Lebensmittel anders einwickeln oder abdecken könnte. Sicher kommt die Klasse dabei neben Lebensmitteldosen oder großen Tellern auch auf ein Geschirrtuch.
- Zeigen Sie der Klasse ein Bienenwachstuch, reichen Sie es herum und lassen Sie vermuten, wie seine Konsistenz entstanden sein könnte. Stellen Sie die Idee vor, selbst Bienenwachstücher herzustellen.
- Teilen Sie den Schüler*innen die Kopiervorlage auf S. 54 aus und besprechen Sie die Vorgehensweise und das Besorgen der Materialien.

HINWEISE

- ☑ Die beschriebene Methode gilt als einfachste Variante, das Wachs gleichmäßig zu verteilen und so für ein gut abdeckendes Tuch zu sorgen. Alternativ wäre eine Herstellung im Backofen (ohne Bügeleisen) möglich – Anleitungen dafür finden Sie im Internet.
- ☑ Das verwendete Baumwolltuch sollten die Schüler*innen von zu Hause mitbringen. Bestenfalls ist es bereits gebraucht und gewaschen.
- ☑ Falls das Tuch nicht die gewünschte Größe hat und zugeschnitten werden soll, empfiehlt sich eine Zickzack-Schere, um Ausfransen zu vermeiden.
- ☑ Es ist sinnvoll, die Einkäufe zu bündeln – vor allem, wenn die Bienenwachspastillen online bestellt werden. Achten Sie auf Bioqualität. Eine 200-g-Packung Bienenwachspastillen reicht etwa für fünf Tücher.
- ☑ Nach der Benutzung sollte das Tuch mit warmem Wasser und einem sanften Spülmittel gereinigt werden. So hält es sich etwa ein Jahr.

- In der **2. Stunde** findet die Umsetzung statt. Die Schüler*innen erstellen in 5er-Gruppen ihre eigenen Bienenwachstücher.

18 KV

ANLEITUNG: BIENENWACHS-TÜCHER HERSTELLEN

BENÖTIGTES MATERIAL (FÜR 5 BIENENWACHSTÜCHER)

- ☑ 200 g Bienenwachspastillen
- ☑ Herd, Topf und Schale für ein Wasserbad
- ☑ 5 Baumwolltücher (etwa 30 x 30 cm)
- ☑ 10 Stück Backpapier, die etwas größer sind als die Tücher
- ☑ 5 Frotteehandtücher zum Unterlegen
- ☑ 5 TL Jojobaöl
- ☑ 3 Teelöffel, 1 Esslöffel, 1 Backpinsel
- ☑ Bügeleisen und Stromzugang

SO GEHT'S – SCHRITT FÜR SCHRITT

1. Zwei von euch bringen die Bienenwachspastillen für eure Gruppe in einem Wasserbad zum Schmelzen.
2. Die anderen Gruppenmitglieder legen auf jeder Arbeitsfläche ein Handtuch aus, platzieren dort ein Stück Backpapier und legen das Baumwolltuch darauf.
3. Gebt nun je 1 TL Jojobaöl auf die Tücher und verstreicht es mit dem Teelöffel. Es muss das Tuch nicht vollständig bedecken, sondern wird später beim Bügeln mit verteilt.
4. Heizt das Bügeleisen vor.
5. Sobald das Bienenwachs flüssig ist, streicht das erste Gruppenmitglied 5 EL davon mit einem Backpinsel gleichmäßig auf sein Tuch.
6. Legt das zweite Stück Backpapier auf das bestrichene Tuch und fahrt langsam und vorsichtig mit dem Bügeleisen über das abgedeckte Baumwolltuch. So verteilt sich das Wachs komplett auf dem Tuch und zieht gut ein. Wiederholt das, bis jede Person ein Tuch bestrichen und gebügelt hat. Da ihr euch zu fünft ein Bügeleisen teilt, sollte das Wachs immer erst kurz vor dem Bügeln aufgetragen und so lange im Wasserbad warm gehalten werden.
7. Zieht das obere Backpapier ab und lasst das Tuch etwa 20 Minuten trocknen – dann ist es zur Benutzung bereit.

19 UPCYCLING-IDEEN FÜRS KLASSENZIMMER

Jahrgangsstufe | 7–10
Dauer | 4–6 Unterrichtsstunden
Material |
- Bildvorlagen S. 57/58
- PCs mit Internetzugang
- Material und Werkzeug in Abhängigkeit von den umzusetzenden Ideen

HINTERGRUND-INFORMATIONEN

Auch beim Kauf von Regalen, Tischen und Stühlen ist der Weg zum klassischen Möbelhaus nicht immer die nachhaltigste Wahl – denn auch für die **Produktion von Möbeln** aller Art werden **Ressourcen** verbraucht. Oft spielt Holz dabei eine große Rolle. Wer bei Holzmöbeln die Umwelt im Blick behalten möchte, kann auf Siegel achten, besonders bekannt ist **FSC** für Holz aus ökologischer Waldwirtschaft. Der „Forest Stewardship Council" besteht seit 1993 und sollte einen internationalen Standard schaffen – ist seitdem aber in die Kritik geraten. Denn immer wieder kommt es Umweltschützer*innen zufolge vor, dass auch FSC-zertifizierte Urwälder abgeholzt werden. Deshalb hat beispielsweise Greenpeace die Zusammenarbeit mit FSC beendet. Auch die Abstufungen des Siegels sorgen teilweise für Kritik, denn nur „FSC 100 %" stellt sicher, dass das Holzmaterial des Produkts komplett aus FSC-zertifizierten Wäldern stammt. Weit verbreitet ist aber auch „FSC Mix", für das mindestens 70 % der gesamten Holzmenge eines Unternehmens aus FSC-zertifizierten oder zugelassenem Recyclingmaterial bestehen müssen.[10] Inwiefern das bei einem konkreten Produkt der Fall ist, können Verbraucher*innen nicht erkennen. Auch das **PEFC-Siegel** ist auf vielen Holzprodukten und Möbeln zu finden, allerdings kritisieren Umweltverbände dabei die fehlenden unabhängigen Kontrollen und sehen deshalb keine Garantie, dass es sich tatsächlich um nachhaltige Produkte handelt.[11]

Eine wirklich umweltverträgliche Art, an neue Möbel zu kommen, ist der Kauf von **Secondhandware** – oder das **Upcycling**: Hierbei werden alte, nicht mehr gebrauchte Produkte zu Möbeln umfunktioniert. Jede*r kann selbst kreativ werden und bestenfalls schont das Upcycling nicht nur die Umwelt, sondern macht auch noch Spaß und bringt echte Unikate hervor.

[10] vgl. https://www.fsc-deutschland.de/de-de/warenzeichen/kennzeichen
[11] vgl. https://utopia.de/siegel/pefc/

ZIEL DES PROJEKTS

Die Klasse setzt sich mit den für Möbel nötigen Ressourcen auseinander, lernt die weitverbreiteten Siegel und die Kritik daran kennen. Durch die Upcycling-Produkte sollen die Schüler*innen kreative Ideen entwickeln, wie nicht mehr benötigte Gegenstände zu Möbelstücken umgestaltet werden können.

SO GEHT'S

- Präsentieren Sie den Schüler*innen in der **1. Stunde** mithilfe der Bildvorlage einige witzige Ideen für Upcycling-Möbel. Kennen sie selbst solche Beispiele aus ihrem persönlichen Umfeld? Finden Sie gemeinsam heraus, ob es nur der Spaß ist, der Menschen dazu bringt, etwas upzucyceln. Informieren Sie die Klasse dann über die ökologischen Folgen der Herstellung neuer Holzmöbel.
- Im nächsten Schritt diskutieren die Schüler*innen, welche Kleinmöbel sie in ihrem Klassenzimmer gebrauchen könnten. In Abstimmung mit dem*der Hausmeister*in und der Schulleitung kann auch entschieden werden, dass ein Möbelstück an anderer Stelle im Schulgebäude aufgestellt oder aufgehängt wird. (Hier müssen Brandschutzbestimmungen u. Ä. eingehalten werden.)
- In den **Folgestunden** schließen sich die Schüler*innen zu kleinen Teams zusammen und entscheiden sich jeweils für ein Upcycling-Projekt. Im Internet recherchieren sie dazu nach detaillierten Anleitungen, z. B. über die Plattform Pinterest, auf der Webseite von Baumärkten und auf Heimwerker-Seiten, und erstellen eine Übersicht über das notwendige Material und Werkzeug.
- Im Anschluss besorgen die Gruppen das Material: Die alten Holzprodukte sollten sie in den Familien, im Schulfundus oder über Secondhandkaufhäuser aufstöbern, das weitere Material im Baumarkt.
- Auch Werkzeug muss bedacht werden: Für so ziemliche alle Upcycling-Projekte sind Schraubenzieher nötig sowie Werkzeug, um das Holz vorm Bearbeiten einmal abzuschleifen und zu lasieren.

19 KV IDEEN FÜR UPCYCLING-PROJEKTE (1/2)

1. GARDEROBE AUS EINEM ALTEN SCHLITTEN

MATERIAL

- ☑ alter Schlitten
- ☑ stabile Wandhaken zur Befestigung
- ☑ Kleiderbügel

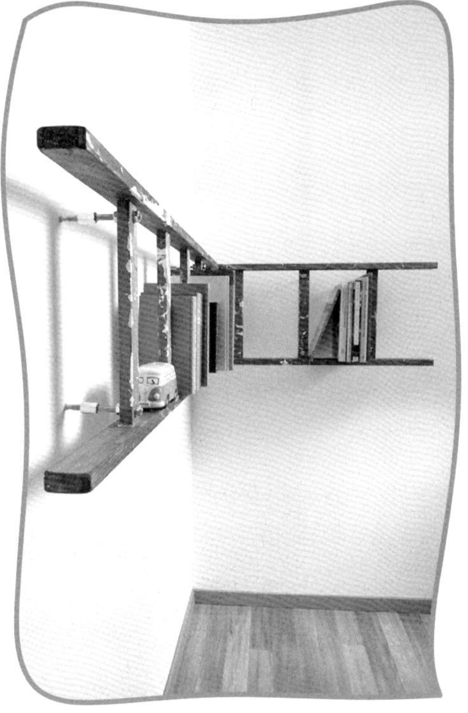

2. BÜCHERREGAL AUS EINER HOLZLEITER

MATERIAL

- ☑ alte Holzleiter
- ☑ Wandbefestigung
- ☑ Bücher zum Befüllen

19 KV IDEEN FÜR UPCYCLING-PROJEKTE (2/2)

3. REGAL AUS ALTEN KISTEN

MATERIAL

- ☑ alte Holzkisten
- ☑ Schrauben
- ☑ ggf. Wandbefestigung

4. BLUMENREGAL AUS EINER ALTEN PALETTE

MATERIAL

- ☑ alte Palette
- ☑ Blumentöpfe
- ☑ Pflanzen

20 KORKEN ZU SAMMELSTELLEN BRINGEN

Jahrgangsstufe | 5–7
Dauer | 0,5 Unterrichtsstunden; 4 Wochen Sammelzeitraum
Material |
- einige Naturkorken
- PCs mit Internetzugang
- Beutel oder Kiste

HINTERGRUND-INFORMATIONEN

Das Klima profitiert durch den Kauf von Flaschen mit Naturkorken, denn die Korken werden aus der Rinde der Korkeichen produziert. **Kork** eignet sich auch zur Herstellung von Pinnwänden, Portemonnaies oder Schuhen. Es gibt inzwischen einige nachhaltige Label, die darauf spezialisiert sind.

Korkeichen wachsen im Mittelmeerraum und leisten dort einen **großen Beitrag zum Umweltschutz**. Sie verwandeln laut BUND jährlich 14 Mio. t CO_2 in Kork[12], außerdem sind die Korkwälder Heimat vieler Tier- und Pflanzenarten. Der Erhalt dieser Wälder ist ein gutes Geschäft, solange weiterhin viele Flaschen mit Naturkorken verkauft werden. Geht der Verkauf zurück, besteht die Gefahr, dass die Korkwälder abgeholzt und durch Plantagen ersetzt werden.

Es ist also bereits ein Beitrag zum Umweltschutz, wenn bspw. Weinflaschen mit Naturkorken statt mit Drehverschluss gekauft werden. Noch besser ist es, wenn die Korken später nicht einfach im Müll landen, denn nach dem Trinken können die Korken **eingesammelt** und z. B. zu Dämmstoffen oder Bodenbelägen **recycelt** werden. Das geht allerdings nicht über den Hausmüll, sondern nur über bestimmte Sammelstellen, die sich um den Weitertransport und das Recycling kümmern.

ZIEL DES PROJEKTS

Die Schüler*innen erlangen Wissen über den wertvollen Beitrag der Korkeichenwälder zum Umweltschutz – und können dieses auch in den Familien weitergeben. Durch die Sammelaktion von Naturkorken sorgen sie dafür, dass mehr Korken im

[12] vgl. https://www.bund.net/bund-tipps/detail-tipps/tip/beim-weintrinken-wald-und-luchse-schuetzen/

Recyclingprozess landen. Idealerweise bleibt es nicht bei einer einmaligen Aktion, sondern wird auch in Zukunft wiederholt, sodass es einen langfristigen Effekt gibt.

SO GEHT'S

- Bringen Sie einige Naturkorken mit in den Unterricht und erfragen Sie das Vorwissen der Schüler*innen zur Herkunft des Materials. Berichten Sie der Klasse anschließend mithilfe von Bildmaterial über die Korkeichenwälder Südeuropas und ihren Beitrag für den Umweltschutz.

- Anschließend recherchieren die Schüler*innen wenige Minuten im Internet zu folgenden Fragen:
  - **Gruppe 1:** Wo befindet sich die nächste Korksammelstelle in der Umgebung? Wie sind die Öffnungszeiten?
  - **Gruppe 2:** Was lässt sich außer Verschlüssen noch aus Kork herstellen?
  - **Gruppe 3:** Was lässt sich aus recyceltem Kork herstellen?

- Initiieren Sie anschließend einen Sammelwettbewerb in der Klasse: „Wer wird Korken-Champion?" Die Schüler*innen sammeln über einen Zeitraum von vier Wochen Korken in ihrer Familie und im eigenen Umfeld, z. B. in Restaurants oder Weinläden. Sie können auch Aushänge im Treppenhaus machen, um Korken von Nachbar*innen einzusammeln.

- Sind genügend Korken zusammengekommen, bringt eine Schülergruppe die Korken in einem Beutel oder einer Kiste zu der zuvor identifizierten Sammelstelle, durch die das weitere Recycling organisiert wird. Der Korken-Champion wird gekürt und erhält einen kleinen Preis.

EXTRA-TIPP

Bevor die gesammelten Korken der Wiederverwertung zugeführt werden, lassen sie sich noch im Kunstunterricht als Stempel, für kleine Skulpturen u. Ä. einsetzen. Der Fantasie sind keine Grenzen gesetzt. Achten Sie aber bitte darauf, dass die Naturkorken nicht mit chemischen Substanzen verunreinigt werden.

21 DRECK-WEG-AKTION IN DER SCHULUMGEBUNG

Jahrgangsstufe | 5-7
Dauer | 0,5 Unterrichtsstunden vor und nach der Aktion; 1 Doppelunterrichtsstunde außer Haus
Material |
- Müllsäcke
- 1 Paar Schutzhandschuhe pro Person, 1 Müllzange pro Gruppe
- Handy bzw. Kamera zur Dokumentation

HINTERGRUND-INFORMATIONEN

„Littering" stellt ein großes Problem dar – damit ist die **Vermüllung des öffentlichen Raums** durch Abfälle gemeint. Häufig sind es **Einwegbecher** oder **Verpackungen**, die nach kurzer Benutzung einfach auf der Straße oder im Gebüsch landen. Die To-go-Mentalität trägt dazu erheblich bei: Schätzungen zufolge werden in Deutschland mehr als 300.000 Einwegbecher pro Stunde für Kaffee und andere Getränke verkauft. Natürlich landen diese nicht alle achtlos in der Umwelt – aber es passiert immer wieder. Auch die steigende Kunststoffproduktion trägt ihren Teil zu immer mehr „Littering" bei. Laut Umweltbundesamt wurden im Jahr 1950 noch 1,5 Mio. t Kunststoff weltweit produziert, 2016 waren es bereits 348 Mio. t. Die Zahl steigt weiter[13], genau wie die Menge an **Plastikabfällen**, die sich in **Flüssen, Seen und im Boden** befinden. Je weniger Plastikgegenstände und andere Verpackungen in der Umwelt landen, desto besser – und hier können die Schüler*innen einen Beitrag leisten.

ZIEL DES PROJEKTS

Durch eine „Dreck-weg-Aktion" sollen die Schüler*innen dafür Sorge tragen, dass die Umgebung der Schule sauberer wird und weniger Abfälle dauerhaft die Umwelt belasten. Der vielleicht noch größere Effekt: Wer sich einmal bewusst und aktiv mit dem Thema auseinandersetzt und feststellt, wie viel Müll wirklich auf den Gehwegen, auf Wiesen und im Gebüsch liegt, kümmert sich hoffentlich in Zukunft darum, dass Abfälle dort landen, wo sie hingehören: im entsprechenden Mülleimer. So kann das Projekt einen langfristigen Effekt zum Schutz der Umwelt erreichen.

[13] vgl. https://www.umweltbundesamt.de/presse/pressemitteilungen/kunststoffe-in-der-umwelt

SO GEHT'S

- Nutzen Sie ein konkretes Müll-Ärgernis in Schulnähe in der **1. Stunde** als Anlass für das Thema Müllentsorgung. Überlegen Sie mit den Schüler*innen gemeinsam, wo in der Umgebung der Schule noch besonders viele Abfälle dort zu sehen sind, wo sie nicht hingehören. Was vermutet die Klasse als Grund dafür, dass die Mülleimer nicht ausreichend genutzt werden?
- Motivieren Sie die Schüler*innen im Anschluss dazu, den gegenwärtigen Müll gemeinsam in Gruppen in einer „Dreck-weg-Aktion" einzusammeln und fachgerecht zu entsorgen. Die Klasse überlegt, was dafür notwendig ist, z. B.:
  - Müllsäcke, bestenfalls jeweils einer für Restmüll und einer für Abfälle, die in die Gelbe Tonne/Wertstofftonne gehören
  - Schutzhandschuhe und möglichst Müllzangen zum Aufsammeln
- Auch organisatorische Dinge sind zu klären, z. B.:
  - In welchem Bereich wird gesammelt? Die Klasse teilt sich in 3er-Teams ein und entscheidet, welche Gruppe in welchen Straßen unterwegs ist.
  - Wo wird der eingesammelte Müll entsorgt? Hier könnten die Schüler*innen Kontakt zu dem*der Hausmeister*in aufnehmen, um die Kapazitäten abzuklären.
  - Zur Sicherheit könnte die Aktion mit dem kommunalen Abfallbetrieb abgestimmt werden.
- Kümmern Sie sich dann um die Einverständniserklärungen der Eltern, damit die Schüler*innen das Gelände in 3er-Gruppen verlassen dürfen.
- Am Tag der Aktion sind die Schüler*innen eine **Doppelstunde** in den zuvor bestimmten Gruppen unterwegs und sammeln den gesamten Müll ein, den sie finden. Nach ihrer Rückkehr können Fotos für eine Reflexion gemacht werden.
- In der **2. Stunde** reflektieren die Schüler*innen die Aktion: Wie viel Müll haben sie gefunden? Was hat sie besonders überrascht? Wie haben sie sich beim Müllsammeln gefühlt? Was nehmen sie für ihr eigenes Verhalten mit?

INTERNET-TIPP

In einigen Städten werden auch große Müllsammelaktionen organisiert, bei denen sich Schüler*innen anschließen könnten. Solche Events findet man im Netz über den Suchbegriff „Dreck-weg-Tag" in Kombination mit dem Namen der Stadt.

ZIGARETTEN AUFSAMMELN: #FILLTHEBOTTLE

Bitten Sie die Schüler*innen im Vorfeld, für die Stunde Schutzhandschuhe mitzubringen.

Jahrgangsstufe | 9–10
Dauer | 1 Unterrichtsstunde
Material |
- 1 ausgemusterte, transparente 1-l-Flasche pro Gruppe (von der Lehrkraft mitgebracht)
- 1 Paar Schutzhandschuhe pro Person
- Handy bzw. Kamera zur Dokumentation
- Internetzugang zum Posten der Fotos

HINTERGRUND-INFORMATIONEN

Jedes Jahr werden der Weltgesundheitsorganisation WHO zufolge weltweit zwischen 340 und 680 Mio. kg **Zigarettenstummel unsachgemäß entsorgt**.[14] Das bedeutet in vielen Fällen: Sie landen auf dem Boden und damit in der Umwelt. Die Schäden sind groß, denn Zigarettenfilter können zu **Mikroplastik** werden, das in den Böden, im Wasser und in der Luft landet (s. „Infotafeln über Mikroplastik", S. 76). Je nach äußeren Faktoren kann es bis zu 15 Jahre dauern, bis die Filter in der Umwelt zersetzt werden. Wissenschaftler*innen haben selbst im Eis der Arktis Partikel gefunden, die aus dem Zigarettenfilter-Kunststoff Zelluloseazetat bestehen – sogar dort scheinen die Reste weggeworfener Zigarettenkippen angekommen zu sein.
Außerdem enthalten die Filter **Tausende Chemikalien**, u. a. Arsen, Blei und Nikotin, die z. B. beim Auswaschen durch den Regen das Grundwasser verschmutzen. Viele Gifte werden in Flüsse und Seen gespült, wodurch Fische Schaden nehmen.
Um das zu stoppen, haben Aktivist*innen in sozialen Netzwerken die Aktion **#fillthebottle** gestartet: Unter diesem Hashtag sammeln Menschen weltweit Zigarettenstummel in der Umwelt ein, füllen sie in eine Flasche und teilen die Ergebnisse bei Instagram & Co. Die meisten Teilnehmer*innen sind überrascht, wie viele Kippen in nur einer Stunde zusammenkommen – und werden in Zukunft mit Sicherheit selbst dafür sorgen, dass sie und ihr Freundeskreis keine Zigaretten achtlos auf den Boden werfen.

[14] vgl. https://apps.who.int/iris/bitstream/handle/10665/255574/9789241512497-eng.pdf;jsessionid=08B129CD0E90A304996983C8A0803A86?sequence=1, Seite 24

ZIEL DES PROJEKTS

Die Schüler*innen erlangen zunächst Wissen darüber, was Zigarettenkippen in der Umwelt anrichten können und wie lange es dauert, bis ein achtlos weggeworfener Stummel zersetzt ist. Durch die Aktion befreien sie das Schulgelände und die Umgebung von diesem Müll – und wenn sie Bilder ihrer Aktion in sozialen Netzwerken teilen, können sie vielleicht bei ihren Freund*innen und Follower*innen ein Bewusstsein für das Thema erzeugen.

SO GEHT'S

- Befragen Sie die Schüler*innen zu Beginn der Stunde nach den negativen Folgen des Zigarettenkonsums. Sicher werden zuallererst gesundheitliche Schäden genannt, sodass Sie auch bei Raucher*innen in der Klasse auf einen Überraschungseffekt hoffen können, wenn Sie zur Umweltschädlichkeit der Zigarettenstummel überleiten. Nutzen Sie zur Vermittlung der Hintergrund-Infos eines der zahlreichen, z. B. auf Youtube verfügbaren Kurzvideos und tragen Sie die Erkenntnisse anschließend noch einmal zusammen.
- Regen Sie nun an, gemeinsam Zigarettenkippen aufsammeln zu gehen, und berichten Sie in dem Zusammenhang von der Aktion #fillthebottle in den sozialen Medien, indem Sie ausgewählte Fotos zeigen.
- Im Anschluss sammeln die Schüler*innen in kleinen Gruppen auf dem Schulgelände und in der näheren Umgebung Zigarettenkippen ein. Diese werden in die leeren Flaschen gesteckt, um das Ergebnis gut im Blick zu haben. (Achtung! Wenn die Schüler*innen das Schulgelände verlassen müssen, kümmern Sie sich rechtzeitig um eine Einverständniserklärung.)
- Sollten am Ende der Unterrichtsstunde nicht genügend Stummel für eine Flasche und somit ein Foto zusammengekommen sein, kann die Aktion später fortgesetzt werden. Wenn gewünscht, teilen die Schüler*innen abschließend Fotos der gefüllten Flaschen in sozialen Netzwerken.

INTERNET-TIPP

Es gibt inzwischen verschiedene Versuche, Zigarettenkippen zu recyceln, um die enthaltenen Stoffe für andere Produkte wiederzuverwenden. In Deutschland geht das z. B. über die Initiative „TobaCycle". Im Netz finden Sie Informationen zum Ablauf, zu Sammelstellen usw.

23 ELEKTROSCHROTT SAMMELN UND RECYCELN

Jahrgangsstufe | 7–10
Dauer | 3–4 Unterrichtsstunden je nach Aufwand
Material |
- PCs mit Internetzugang
- Software zum sicheren Löschen von Daten
- Handy bzw. Kamera, PC mit Textbearbeitungsprogramm zur Dokumentation

HINTERGRUND-INFORMATIONEN

Wenn der Laptop kaputt ist oder ein altes Radio nicht mehr benutzt wird, landen die Geräte oft in irgendeinem Schrank oder – schlimmer – im normalen Hausmüll. Dabei sollten **Elektrogeräte fachgerecht entsorgt** werden, womit sie einen wichtigen Beitrag zum Umweltschutz leisten. Alle elektronischen Geräte enthalten wertvolle und **teilweise seltene Rohstoffe**, z. B. Aluminium, Gold oder Kupfer. Werden sie recycelt, können diese Materialien entnommen und weiterverwendet werden – das schont Ressourcen und die Umwelt. Außerdem stecken in den Geräten oft **Schadstoffe**, deren unsachgemäße Entsorgung die Natur belastet. So enthalten z. B. Energiesparlampen Quecksilber oder Kühlschränke klimaschädliche Kältemittel. Im Recycling- und Entsorgungsprozess werden diese Stoffe separiert, damit sie nicht in die Umwelt gelangen. Die wertvollen Inhaltsstoffe können je nach Art des Materials an **spezialisierte Verwerter** weitergegeben werden: So werden Eisen, Stahl oder Kupfer aus den ausrangierten Produkten auch nach dem Entsorgen genutzt, nicht brauchbare Materialien energetisch verwertet.

Es lohnt sich also, **Elektroschrott** besondere Beachtung zu schenken – dazu zählen in der Regel alle Geräte, die Strom benötigen. Es gibt aber auch Produkte, die auf den ersten Blick nicht unter Elektronik fallen, aber fest verbaute elektrische oder elektronische Bauteile enthalten, wie z. B. blinkende Turnschuhe. Auch diese sollten als Elektroschrott entsorgt werden.

Und bei der Entsorgung von Geräten, die sensible Daten enthalten (was häufig auf alte PCs zutrifft), sollte man mithilfe von Löschprogrammen oder durch die Unterstützung von Expert*innen für eine gründliche Entfernung der Daten sorgen.

ZIEL DES PROJEKTS

Durch die Beschäftigung mit der Thematik werden Schüler*innen auf die möglichen Probleme bei der Entsorgung von Elektroschrott aufmerksam gemacht – und sie erfahren, wie wertvoll eine fachgerechte Entsorgung sein kann. Werden durch das Projekt mehr Geräte auf diesem Weg recycelt oder verwertet, schont das die Umwelt und spart Ressourcen ein.

SO GEHT'S

- Zu Beginn der **1. Stunde** besprechen Sie mit der Klasse die Probleme beim unsachgemäßen Wegwerfen von Elektroschrott. Sammeln Sie mit den Schüler*innen gemeinsam Beispiele für Elektrogeräte und informieren Sie sie über das Potenzial, das deren fachgerechte Entsorgung bietet.
- Im Anschluss entwirft die Klasse gemeinsam ein Konzept, wie sie Elektroschrott sammeln und weiter mit ihm verfahren kann, etwa:
  - ausrangierte Kleingeräte von zu Hause mitbringen
  - bei der Schulleitung nach ausgemusterten Geräten fragen
  - eine vorübergehende Lagermöglichkeit in der Schule erfragen
  - Geräte in ihre Einzelteile zerlegen bzw. Teile abbauen
  - bei sensiblen Datenträgern eine Löschung organisieren
  - den Transport zu einem Entsorgungshof in der Umgebung organisieren (evtl. Anmeldung nötig)
- Die Schüler*innen teilen die Aufgaben untereinander auf, wo sinnvoll, und führen die Sammlung und Entsorgung in den **Folgestunden** durch. Eine Gruppe kann das Projekt mit Bildern und Texten für die Schulhomepage festhalten und so andere Klassen inspirieren.

EXTRA-TIPP

Vor dem Recycling von Geräten sollte im Sinne des Klimaschutzes immer die Weiter- und Wiederverwendung stehen. Deshalb sollten die Schüler*innen nach dem Einsammeln der Geräte erfragen, ob jemand aus der Klasse oder Schule Interesse an den ausrangierten Dingen hat. Das käme dem Planeten noch mehr zugute als die fachgerechte Entsorgung (s. „Repaircafé veranstalten“, S. 94).

24 MÜLLTRENNKONZEPT FÜR DIE SCHULE

Jahrgangsstufe | 5–10
Dauer | mind. 1 Doppelunterrichtsstunde außer Haus, im Anschluss 3–4 Unterrichtsstunden
Material |
- PCs mit Internetzugang, Textbearbeitungsprogramm, Drucker
- in Absprache mit der Schulleitung ggf. neue Mülleimer

HINTERGRUND-INFORMATIONEN

Die Menge an **Verpackungsmüll** steigt immer weiter an: Im Jahr 2018 erreichte Deutschland ein **trauriges Rekordhoch**, pro Person entstanden rechnerisch 227,5 kg Verpackungsabfall – insgesamt wurden in der Bundesrepublik 18,9 Mio. t Müll durch Verpackungen produziert. In diese Berechnungen des Umweltbundesamtes fließen auch Abfälle aus der Industrie ein, doch private Verbraucher*innen hatten an dieser Summe einen Anteil von knapp der Hälfte.[15] Die **Vermeidung** dieser Verpackungen ist ein wichtiger Faktor (s. „Verbrauch von Einwegbechern reduzieren", S. 8), doch auch dem **Recycling** kommt eine große Rolle zu. Denn so können aus wertvollen Bestandteilen der Abfälle neue Verpackungen oder andere Produkte hergestellt werden – und es werden weniger neue Ressourcen benötigt.
Damit das funktioniert, muss Müll getrennt und dem Recyclingsystem zugeführt werden. Außerdem ist es wichtig, dass alle Beteiligten über das Thema **aufgeklärt** und dafür **sensibilisiert** werden – denn je mehr Menschen mitmachen, desto größer ist der positive Einfluss auf die Umwelt.

ZIEL DES PROJEKTS

Die Schüler*innen setzen sich aktiv mit dem Thema Müll und vor allem mit Verpackungsabfällen auseinander. Durch die Erarbeitung eines Mülltrenn-Konzepts sorgen sie dafür, dass an ihrer Schule mehr Abfälle recycelt werden, und leisten so einen großen Beitrag zum Umweltschutz.

[15] vgl. https://www.umweltbundesamt.de/neuer-hoechststand-bei-verpackungsabfaellen-2275

SO GEHT'S

- Organisieren Sie für die Klasse einen etwa 60-minütigen **geführten Rundgang durch eine Müllsortieranlage**, bei dem den Schüler*innen das Prinzip der Mülltrennung vermittelt wird: Hinter welchen Farben verbergen sich welche Rohstoffe? Was geschieht mit dem eingesammelten Müll und wie wird er recycelt?
- In der **3. Stunde** zurück in der Klasse, rekapitulieren die Schüler*innen zunächst das Gehörte und reflektieren über den Nutzen eines effektiven Mülltrennungs-Konzepts an ihrer Schule.
- Die Schüler*innen erfassen anschließend im Schulgebäude den Ist-Zustand des Entsorgungssystems: Wird der Müll getrennt und, wenn ja, nach welchen Rohstoffen? Sind genügend Abfalleimer vorhanden und wie oft werden sie geleert? Setzt sich die Mülltrennung auch am Müllcontainer fort?
- In der **4. Stunde** überlegt die Klasse in einem Brainstorming, was notwendig wäre, um die Recyclingquote der Schule zu erhöhen, z. B.:
  - mehr Mülleimer in der Schule, weitere Müllcontainer auf dem Hof
  - Wegweiser zur Mülltrennung: Informationsplakate, die an mehreren Stellen in der Schule aufgehängt werden
  - Hinweise auf den Mülleimern mit Informationen zu den erlaubten Rohstoffen
  - Hinweise über die Gebote und Verbote bei der Müllentsorgung in den Waschräumen und Toiletten
  - Einteilung eines wöchentlichen Mülldienstes, der die Mitschüler*innen – wenn nötig – ans Trennen erinnert, neue Aufkleber anbringt usw.
- Die Schüler*innen teilen die verschiedenen Aufgaben sodann auf drei Gruppen auf und setzen das Konzept um:
  - **Gruppe Organisation:** Sie spricht mit der Schulleitung und dem*der Hausmeister*in über die Beschaffung neuer Mülleimer, eine bessere Mülltrennung und -entsorgung und definiert Aufstellungsorte.
  - **Gruppe Information:** Sie erstellt einen Guide zur Mülltrennung, der ausgehängt wird.
  - **Gruppe Leitsystem:** Sie erstellt die notwendigen Wegweiser und Hinweisschilder für das Schulhaus und die Mülleimer und bringt sie an.

WISSEN VERBREITEN

AUSSTELLUNG ZU DIGITALER NACHHALTIGKEIT

Jahrgangsstufe | 7–10
Dauer | 3 Unterrichtsstunden
Material |
- PCs mit Internetzugang, Textbearbeitungsprogramm, Drucker
- Aufstelltafeln für eine Ausstellung, Pinnnadeln oder Klebeband zur Befestigung

HINTERGRUND-INFORMATIONEN

Auch wenn sich die meisten Mediennutzer*innen kein Leben ohne Streamingdienste und Onlinevideos mehr vorstellen können: Die Auswirkungen auf die Umwelt sind groß. Eine Studie des französischen Think Tanks „The Shift Project" zeigt, dass das **Abspielen von Onlinevideos** im Jahr 2018 weltweit **300 Mio. t CO_2** produziert hat – das ist etwa so viel wie der jährliche Ausstoß von ganz Spanien. Das Streaming über Video-on-Demand-Plattformen, wie Netflix und Amazon Prime, hatte daran einen Anteil von mehr als 100 Mio. t. Mit einberechnet wurden die **Datennutzung** während des Abspielens, die **IT-Infrastruktur**, die verbrauchte **Energie** in den Rechenzentren und alle weiteren Faktoren, die nötig sind, um große Datenpakete auf die Bildschirme zu bringen.[16] Wie viele Emissionen bei einer Stunde Streaming tatsächlich anfallen, ist schwer zu sagen – hier spielen Übertragungsart, Stromanbieter und weitere Faktoren eine Rolle. Der Studie zufolge sind es etwa 400 g CO_2, ungefähr so viel wie bei einer Autofahrt von 2 km.[17]
Besonders problematisch ist das Videoschauen unterwegs, wenn dabei auf **mobile Daten** zugegriffen wird. Diese verbrauchen mehr Energie als die Nutzung von WLAN-Netzen, schnellere Verbindungen sind immer energiesparender. **Digitale Nachhaltigkeit** ist zu einem eigenen Forschungsfeld geworden und zu einem Thema, dem Klimaschützer*innen Beachtung schenken sollten. Dabei spielt nicht nur das Serienstreaming eine Rolle, sondern auch das Verschicken hochauflösender Handyvideos und das Abspielen von Youtube-Tutorials.
Es ist nicht die Absicht, die erfolgreiche Entwicklung all dieser Dienste zu stoppen. Doch durch wachsendes Bewusstsein können Nutzer*innen ressourcenschonender mit Filmen, Serien & Co. umgehen.

[16] vgl. https://theshiftproject.org/en/article/unsustainable-use-online-video/
[17] vgl. https://theshiftproject.org/wp-content/uploads/2020/06/2020-06_Did-TSP-overestimate-the-carbon-footprint-of-online-video_EN.pdf; Seite 4

ZIEL DES PROJEKTS

Die Klasse erfährt zunächst etwas über die Auswirkungen ihres Medienkonsums auf das Klima. Durch die Auseinandersetzung damit können die Schüler*innen ihr eigenes Verhalten überdenken und über Infotafeln der gesamten Schule Möglichkeiten aufzeigen, wie Streaming & Co. klimafreundlicher werden können.

SO GEHT'S

- Befragen Sie die Schüler*innen in der **1. Stunde** nach Streamingdiensten, die sie kennen, und nach ihrem täglichen oder wöchentlichen Konsum dieser Dienste. Leiten Sie dazu über, dass auch die Nutzung von Onlinediensten umwelt- bzw. klimaschädlich sein kann, und führen Sie den Begriff der „digitalen Nachhaltigkeit" ein. Lassen Sie die Schüler*innen berechnen, was ihr Medienkonsum für die Umwelt bedeutet.
- Regen Sie die Klasse an, ihr erworbenes Wissen in Form von Plakaten auch anderen Schüler*innen zu vermitteln. Die Klasse überlegt, welche Inhalte sie in einer Ausstellung zeigen möchte, und teilt sie auf einzelne Plakate auf, z. B.:
  - Zahlen und Fakten rund um die digitale Mediennutzung und deren Klima-Auswirkungen
  - eine Übersicht, welche Faktoren die Klimabilanz beeinflussen
  - eine Übersicht zu Maßnahmen, die jede*r ergreifen kann, um digital das Klima zu schonen
  - Tricks und Tipps, um weniger Zeit online zu verbringen („Digital Detox")
- In der **2. und 3. Stunde** recherchieren die Teams die Informationen und halten sie – handschriftlich oder am PC – in übersichtlicher Form fest. Ist alles komplett, fügt die Klasse die Informationen auf Ausstellungstafeln zusammen, die in der Pausenhalle aufgestellt werden. In der großen Pause betreuen einige Schüler*innen die Ausstellung und stehen für Fragen bereit.

EXTRA-TIPP

Vielleicht haben die Schüler*innen Lust, ihren eigenen digitalen Fußabdruck zu minimieren – z. B. in Form einer Challenge: Wer schafft es, eine Zeit lang keine Onlinevideos zu schauen? Die Schüler*innen stellen dadurch auch fest, wie sehr sie sich schon an den Konsum gewöhnt haben, und werden vielleicht angeregt, öfter mal offline zu sein.

26 GUIDE: UMWELTFREUNDLICHE KLASSENFAHRT

Jahrgangsstufe | 7–10
Dauer | 2–3 Unterrichtsstunden
Material |
- PCs mit Internetzugang und Textbearbeitungsprogramm
- Druckmöglichkeit und Heftgerät

HINTERGRUND-INFORMATIONEN

So schön Reisen sind: Oftmals stellen sie eine **Belastung für den Planeten** dar. Wie stark diese ausfällt, hängt natürlich erheblich von der Art und Weise des Reisens ab. Die Anreise mit einem **gut besetzten Reisebus** gilt als umweltfreundliche Tour, während Flüge hohe CO_2-Emissionen zur Folge haben. Werden vor Ort Wanderungen durchgeführt oder andere Aktivitäten an der frischen Luft unternommen, hat das weniger negative Auswirkungen als ein Besuch im **Freizeitpark** oder gar **Skiferien**. Denn diese gelten durch den Betrieb von Schneekanonen und Skiliften nicht als besonders umweltfreundlich – es sei denn, es handelt sich um Skigebiete, die auf künstlich angelegte Pisten verzichten und bei denen die Anreise gut mit öffentlichen Verkehrsmitteln funktioniert. Und auch die **Verpflegung vor Ort** spielt eine Rolle: „All-you-can-eat"-Büfetts sorgen oft für große Mengen an Lebensmittelresten, die weggeworfen werden – ganz anders sieht es bei einer **Selbstversorgung mit regionalen Produkten** aus. Der Spielraum bei der Planung einer privaten Reise oder auch einer Klassenfahrt ist also groß. Natürlich darf der Spaß vor Ort nicht zu kurz kommen, doch wichtig ist es zunächst, Wissen und Ideen zusammenzutragen, um eine Reise zu planen, die gut für die Umwelt ist und auf die sich alle Mitreisenden freuen.

ZIEL DES PROJEKTS

Die Klasse erstellt einen Guide, mit dem Klassenfahrten nachhaltig gestaltet werden können – diesen verteilt sie später an der gesamten Schule. Durch die intensive Auseinandersetzung mit dem Thema sollen die Schüler*innen zunächst ihr Wissen über die Auswirkungen ihrer Reisen erweitern. Werden an der Schule künftig mehr nachhaltige Touren geplant, reduziert das die Umweltbelastung und sorgt bei allen Schüler*innen für ein größeres Bewusstsein für das Thema.

SO GEHT'S

- Überlegen Sie in der **1. Stunde** mit den Schüler*innen, welche Faktoren bei einer Klassenfahrt einen Einfluss auf die Klimabilanz haben, etwa „An- und Abreise" oder „Unterkunft". Sammeln Sie alle Begriffe in einer Mindmap „umweltfreundliche Klassenfahrt" an der Tafel.
- Ausgehend von der Mindmap, trägt die Klasse zu jedem Faktor Aspekte zusammen, wie die Klassenfahrt sein müsste, um als klimafreundlich zu gelten, z. B.: „An- und Abreise": „wenig CO_2-Ausstoß". Zu berücksichtigen sind bspw.:
  - möglichst klimaschonender Transport am Zielort
  - Auswahl einer nachhaltigen Unterkunft, z. B. mit regionalem und vegetarischem Essensangebot
  - Formen der Freizeitgestaltung, die keine negativen Auswirkungen haben
  - Planung von Aktivitäten, die gut für die Umwelt sind bzw. bei denen die Schüler*innen ihr Wissen erweitern und viel Zeit in der Natur verbringen
- Teilen Sie diese Themenfelder nun auf Gruppen auf. Etwa **ab der 2. Stunde** bearbeiten die Schüler*innen den ihnen zugeteilten Aspekt und stellen dazu alle notwendigen Informationen und Gestaltungsvorschläge zusammen. Dabei sollten auch die geografische Lage der Schule, die lokale Verkehrsanbindung und eventuelle lohnenswerte Nahziele Berücksichtigung finden.
- Abschließend fügen die Schüler*innen die fertiggestellten Kapitel in einem Dokument zusammen, drucken und vervielfältigen es und verteilen es im Anschluss in der Schule. Dabei sollten die Lehrkräfte nicht vergessen werden!
- Idealerweise greifen die Schüler*innen zur Planung der nächsten Klassenfahrt auf den Guide zurück.

INTERNET-TIPP

Inspirationen zum Thema gibt es im Portal „Natürlich fairreisen" von „KATE – Kontaktstelle für Umwelt & Entwicklung". Dort ist auch ein CO_2-Rechner direkt für Schulfahrten zu finden – so können die verursachten Emissionen noch besser eingeschätzt und verschiedene Reisearten miteinander verglichen werden.

27 GUIDE: NACHHALTIG IM SCHULALLTAG

Jahrgangsstufe | 5–7
Dauer | 3 Unterrichtsstunden
Material | PCs mit Internetzugang und Textbearbeitungsprogramm
Druckmöglichkeit und Heftgerät

HINTERGRUND-INFORMATIONEN

Wenn es um Umweltschutz in der Schule geht, sind Faktoren wie Energiesparen (s. „Energiesparkonzept für die Schule", S. 45), die umweltfreundliche Gestaltung des Schulgeländes (s. „Grün statt grau", S. 41) sowie eine möglichst hohe Recyclingquote (s. „Mülltrennkonzept für die Schule", S. 67) entscheidend. Aber auch mit **vielen kleinen Maßnahmen** kann jede*r Schüler*in selbst zusätzlich dazu beitragen, im **Alltag** die eigenen Belastungen möglichst gering zu halten. Doch wie das genau geht und wo man **entsprechendes Schulmaterial** findet, ist sicher nicht offensichtlich. Der **umweltfreundliche Einkauf** und die **ressourcenschonende Ernährung in der Pause** ist nichts, was sich ausschließlich als Gemeinschaftsprojekt in der Klasse umsetzen lässt, denn hier sind die Schüler*innen selbst und die Eltern gefragt. Durch eine Informationsbroschüre zum Thema erhalten alle Schüler*innen und Familien das nötige Wissen und können dafür sorgen, den Schulalltag möglichst nachhaltig zu gestalten – um so in der Summe einen Unterschied zu machen.

ZIEL DES PROJEKTS

Die Schüler*innen erstellen einen Guide mit Tipps, wie jede*r Einzelne den eigenen Schulalltag umweltverträglicher gestalten kann. Dadurch erweitern sie ihr Fachwissen zu dem Thema und können die Maßnahmen selbst umsetzen. Außerdem verbreiten die Schüler*innen diese Informationen in der gesamten Schule, um so möglichst viele Mitschüler*innen für Umweltschutz im Alltag zu begeistern.

SO GEHT'S

- Führen Sie mit den Schüler*innen in der **1. Stunde** ein Brainstorming durch, in welchen schulischen Bereichen jede*r Einzelne umweltfreundlich handeln kann. Führen Sie dazu den Begriff der „Nachhaltigkeit" ein bzw. erfragen Sie seine Bedeutung. Mögliche Bereiche sind:
  - Erwerb von Schulausstattung (Schulranzen, Federmäppchen usw.)
  - Erwerb von Verbrauchsmaterial (Hefte, Stifte, Papier usw.)
  - Bereitstellung von Lehrmaterial durch die Lehrkräfte (hier könnten Tipps für Lehrkräfte und Schulleitung gesammelt werden)
  - Verpflegung in der Pause
  - Müllvermeidung (z. B. Verpackungsabfälle)
  - Mülltrennung
- Nun teilt die Klasse sich in Gruppen zu je vier bis fünf Schüler*innen auf. Etwa **ab der 2. Stunde** beschäftigt sich jede Gruppe für sich intensiv mit der Sammlung von Tipps für einen der gefundenen Bereiche und deren interessante Aufbereitung für die Mitschüler*innen. Dazu kann auch im Netz recherchiert werden, wie sich umweltfreundliche Alternativen schaffen lassen. Ein*e Schüler*in der Gruppe erhält die Aufgabe, ein ansprechendes Layout für ein Textdokument zu gestalten.
- Am Ende fügen die Gruppen ihre Dokumente zu einem zusammen, ohne das Layout weiter zu vereinheitlichen, und machen es in Form eines Guides der ganzen Schule zugänglich, um einen möglichst großen Effekt zu erzielen.

EXTRA-TIPP

Falls die Informationen ausgedruckt präsentiert werden sollen, wäre es natürlich toll, alle Dokumente auf Recyclingpapier zu drucken – so hat die Klasse direkt einen der Tipps im Rahmen des Projektes umgesetzt.

28 INFOTAFELN ÜBER MIKROPLASTIK

Jahrgangsstufe | 7–10
Dauer | ca. 6 Unterrichtsstunden
Material |
- Packung Peeling
- Spülschwamm
- Packung Kaugummis
- Fleecejacke
- PCs mit Internetzugang, Textbearbeitungsprogramm, Drucker
- ggf. bunter Tonkarton, Scheren, Kleber
- Aufstelltafeln für eine Ausstellung, Pinnnadeln oder Klebeband

HINTERGRUND-INFORMATIONEN

Plastik stellt eine große Belastung für die Umwelt, für Tiere und für Menschen dar – vor allem in Form von **Mikroplastik**. Als solches gelten Plastikteilchen mit einem Durchmesser von maximal 5 mm. Man unterscheidet einerseits **primäres Mikroplastik**, das direkt in dieser Form hergestellt wird und später in die Umwelt gelangt, z. B. über Peelingpartikel in Duschgel oder Gesichtsreinigungsprodukten. Im Gegensatz dazu entsteht **sekundäres Mikroplastik** durch den Zerfall von größeren Plastikteilen, z. B. wenn sich eine weggeworfene Plastiktüte in kleinste Bestandteile zersetzt. Gelangt Mikroplastik in die Umwelt, verunreinigt es auch unser **Trinkwasser**, die **Luft** und sogar **Lebensmittel**, die wir aufnehmen. Einer Studie der australischen University of Newcastle zufolge nimmt ein Mensch im weltweiten Durchschnitt wöchentlich bis zu 5 g Plastik auf. Das entspricht ungefähr dem Gewicht einer Kreditkarte.[18] Zwar ist Plastik ein praktischer und vielseitig einsetzbarer Stoff, doch als **Einwegmaterial**, etwa als Verpackung von Snacks und Lebensmitteln, ist es nicht sinnvoll. Drei Viertel des gesamten jemals hergestellten Plastiks sind Müll. Verpackungen stellen also ein weitaus größeres Problem dar als bspw. Spielzeuge oder Gebrauchsgegenstände. Das Entscheidende ist **Aufklärungsarbeit**. Erst wenn allen Schüler*innen die Auswirkungen ihres Plastikkonsums bekannt sind, können sie selbst aktiv werden und dafür sorgen, dass weniger (Mikro-)Plastik den Planeten belastet.

[18] vgl. https://www.wwf.de/fileadmin/fm-wwf/Publikationen-PDF/WWF-Report-Aufnahme_von_Mikroplastik_aus_der_Umwelt_beim_Menschen.pdf

ZIEL DES PROJEKTS

Die Klasse erweitert ihr Wissen über Mikroplastik und die daraus resultierende Problematik. Durch die eigene Auseinandersetzung damit können die Schüler*innen entscheiden, wie sie selbst einen Unterschied machen können. Die Infotafeln helfen dabei, das Wissen zu verbreiten, damit mehr Schüler*innen gegen die Verbreitung von Mikroplastik kämpfen können.

SO GEHT'S

- Bringen Sie in der **1. Stunde** als stummen Impuls z. B. je eine Packung Peeling, einen Spülschwamm, eine Packung Kaugummis und eine Fleecejacke mit in die Klasse. Fragen Sie die Schüler*innen, was die Produkte unter Umweltschutzgesichtspunkten gemeinsam haben könnten, und geben Sie Hinweise, wenn die Klasse nicht auf mögliche Mikroplastikbestandteile kommt. Informieren Sie die Schüler*innen dann über die Zersetzungsdauer von Plastik und die negativen Folgen des Mikroplastiks für Mensch und Umwelt.
- Regen Sie dazu an, in der Schule in Form von Infotafeln auf das Phänomen aufmerksam zu machen. Überlegen Sie gemeinsam, zu welchen Teilthemen eine Infotafel entstehen könnte, etwa:
  - Was ist Mikroplastik? – Erklärungen, Ursachen, Zahlen
  - Schäden durch Mikroplastik – wie Umwelt und Tiere leiden
  - Wie tragen wir selbst zur Verbreitung von Mikroplastik bei?
  - Alltagsmaßnahmen zur Reduzierung von Mikroplastik
  - Interviews mit Aktivist*innen, Wissenschaftler*innen, Gründer*innen von Firmen, die mikroplastikfreie Produkte anbieten
- Teilen Sie die definierten Themen **ab der 2. Stunde** auf kleine Gruppen auf, die sich anschließend intensiv mit diesem Thema auseinandersetzen und das Material für die Infotafeln zusammenstellen. Nach der Erstellung der Tafeln werden die Inhalte in der Klasse vorgestellt und jede Tafel einzeln an verschiedenen Orten im Schulgebäude positioniert, um deren Wirkung zu erhöhen.

INTERNET-TIPP

Viele Informationen bietet z. B. das Fraunhofer-Institut für Umwelt-, Sicherheits- und Energietechnik UMSICHT, das zu Mikroplastik forscht.

29 GALERIE: PRODUKTE UND IHRE VERPACKUNG

Jahrgangsstufe | 5-6
Dauer | 2 Unterrichtsstunden, dazwischen 3-4 Wochen
Material |
- einige Produkte in ihren Verpackungen
- 1 Produkt nach Wahl pro Person (s. Erläuterung)
- Schaukästen oder Vitrine
- kleine Kärtchen und Stift
- Küchenwaage

HINTERGRUND-INFORMATIONEN

Die **Abfallmengen** erreichen Jahr für Jahr neue Höchstwerte: Die Zahlen des Umweltbundesamtes für 2018 besagen, dass in Deutschland **fast 19 Mio. t Verpackungsmüll** anfielen[19] – so viel wie nie zuvor. Auf jede*n Bürger*in entfallen damit 227,5 kg pro Jahr, das sind mehr als 4 kg pro Woche. Dabei geht es um alle **Verpackungen** – im industriellen Umfeld genauso wie in der eigenen Küche, wo Bonbonpapiere oder Müslitüten weggeworfen werden. Verantwortlich für den stetigen Anstieg ist den Expert*innen zufolge einerseits der **Onlinehandel**, bei dem meist jedes (Kleidungs-)Stück einzeln eingepackt ist. Daneben gibt es einen Trend zu **immer kleineren Abpackungen**, wodurch für eine gleiche Inhaltsmenge mehr Müll anfällt.
Damit die Mengen nicht jedes Jahr weiter ansteigen, kann jede*r Einzelne etwas tun und **den eigenen Verpackungsmüll reduzieren**. Dafür ist es in einem ersten Schritt wichtig, zu erkennen, wie groß die eigene Abfallmenge ist, und weiterhin, bei welchen Produkten im Verhältnis zu deren Größe besonders viel Verpackungsmaterial anfällt.

ZIEL DES PROJEKTS

Die Schüler*innen setzen sich damit auseinander, wie viel Verpackungsmüll sie verursachen. Sie stellen fest, bei welchen Konsumgütern besonders viel Müll anfällt, und teilen diese Erkenntnis mit der ganzen Schule. Dabei wird jeweils ein Produkt mit seiner zugehörigen Verpackung und Angaben zum Gewicht von Produkt und Abfallmenge präsentiert.

[19] vgl. https://www.umweltbundesamt.de/daten/ressourcen-abfall/verwertung-entsorgung-ausgewaehlter-abfallarten/verpackungsabfaelle#grunde-fur-den-anstieg-der-verpackungsabfalle

SO GEHT'S

- Bringen Sie der Klasse in der **1. Stunde** einige Verpackungen samt Inhalt als Impuls mit. Überprüfen Sie gemeinsam mit der Klasse, wie viel Inhalt die Packung enthält. Entnehmen Sie den Inhalt und wiegen Sie ihn mit den Schüler*innen. Was fällt ihnen auf? Leiten Sie zum Thema Verpackungsmüll über und erarbeiten Sie mit der Klasse einige Zahlen und Fakten. Nun bekommen die Schüler*innen die Aufgabe, zu überlegen, welche Produkte sie häufig kaufen, die in Relation zum Inhalt eine besonders aufwändige Verpackung haben oder sogar mehrfach verpackt sind. Das können Spielzeuge sein, Kosmetikprodukte in Plastikhülle mit Extrakarton (z. B. ein Lippenpflegestift), ein im Internet bestelltes T-Shirt mit Plastikhülle und Versandkarton, Stifte mit zusätzlicher Plastik- und Pappverpackung usw.
- Planen Sie im Anschluss einen Zeitraum von etwa **drei bis vier Wochen** ein, in dem alle Schüler*innen ein Produkt für die Galerie kaufen können, ohne dass es zu Zusatzanschaffungen kommt. Bei einem nachhaltigen Projekt ist wichtig, dass nur Dinge gekauft werden, die wirklich benötigt werden, und nichts ungenutzt im Müll landet. Am Ende dieses Zeitraums sollte jede*r in der **2. Stunde** ein verschlossenes Produkt in der Originalverpackung mitbringen, das nicht leicht verderblich ist.
- Die Schüler*innen wiegen im Unterricht mit der Küchenwaage jeweils einmal die Verpackung und den Inhalt ihres Produkts und notieren sich die Werte. (Bei Kosmetik wird das z. T. nicht möglich sein, hier ist das Gewicht des Inhalts aber meist auf der Packung notiert und kann so ermittelt werden.)
- Die Schüler*innen platzieren ihr Produkt zusammen mit seiner Verpackung in Schaukästen und beschriften es: Gewicht des Produkts, Gewicht der Verpackung. Nach einem vorab definierten Zeitraum endet die Galerie und die Schüler*innen erhalten ihre Produkte zurück. Lassen Sie die Klasse reflektieren, wer gewisse Produkte künftig nicht mehr (so häufig) kaufen möchte.

INTERNET-TIPP

Vielleicht hätten die Schüler*innen nach dem Projekt einmal Lust auf Plastikfasten? Der BUND ruft in jedem Jahr dazu auf, Plastik über einen bestimmten Zeitraum zu verbannen. Informationen findet man im Netz unter dem Stichwort „Plastikfasten" oder in den sozialen Medien unter dem gleichnamigen Hashtag.

30 PALMÖL-KAMPAGNE AN DER SCHULE

Jahrgangsstufe | 7–10
Dauer | 3 Unterrichtsstunden
Material | PCs mit Internetzugang, Textbearbeitungsprogramm, Drucker
Aufstelltafeln für eine Ausstellung, Pinnnadeln oder Klebeband

HINTERGRUND-INFORMATIONEN

Der **weltweite Konsum von Palmöl** belastet den Planeten in großem Ausmaß – und trotzdem ist es nicht möglich, es einfach aus dem Alltag zu verbannen. Aktuell steckt Palmöl **in etwa 50 % aller Konsumgüter**: in Schokolade und Fertiggerichten, in Waschmitteln und Kosmetikprodukten, es wird Diesel als Biokraftstoff beigemischt. Um den immensen Bedarf zu stillen und mehr Ölpalmen anbauen zu können, werden immer neue **Regenwaldflächen gerodet**. Vor allem in Südostasien stellt das ein sehr großes Problem dar; oft müssen Anwohner*innen ihre Dörfer verlassen und Tiere, wie Orang-Utans oder Sumatra-Tiger, sind vom Aussterben bedroht. Besonders problematisch ist in diesem Zusammenhang, dass es nicht möglich ist, Palmöl einfach durch andere Pflanzenöle zu ersetzen. Dies würde das Problem nur verlagern oder vielleicht sogar verschlimmern, denn Ölpalmen sind mit etwa 3,3 t Öl pro Hektar **besonders ertragreich**. Bei Raps, Kokos und Sonnenblume sind es im Schnitt nur rund 0,7 bis 1,3 t pro Hektar. Es ist also nicht möglich, die gleiche Menge Öl auf gleicher Fläche zu erzeugen.[20] Da ein Austausch keine Option ist, hilft es nur, den **Verbrauch von Palmöl zu verringern** – und hier kann jede*r Einzelne selbst etwas tun. In Deutschland fließen etwa 17 % des verwendeten Palmöls in **weiterverarbeitete Lebensmittel**. Auch die **konventionelle Viehhaltung** fällt ins Gewicht, denn 8 % des nach Deutschland importierten Palmöls kommen in Futtermittel für Rinder, Geflügel und Schweine. Und ganze 40 % landen in **Biokraftstoffen**.[21] Wer weniger Fleisch isst und weniger Auto fährt, erreicht also etwas.

[20] vgl. https://www.wwf.de/2016/august/kein-palmoel-ist-auch-keine-loesung/
[21] vgl. https://www.wwf.de/fileadmin/fm-wwf/Publikationen-PDF/WWF-Studie_Auf_der_OElspur.pdf

ZIEL DES PROJEKTS

Die Schüler*innen erlangen Wissen über die Problematik, die mit dem weltweiten Palmöl-Konsum einhergeht. Sie entwickeln selbst Ideen, wie sie den eigenen Verbrauch reduzieren können, und verbreiten dieses Wissen an der ganzen Schule – um so mit möglichst vielen Mitstreiter*innen den Planeten zu schützen.

SO GEHT'S

- Erstellen Sie für die **1. Stunde** aus den Zahlen und Fakten zum Palmöl-Verbrauch einen Infotext, den die Schüler*innen still lesen, um die enthaltenen Informationen im Anschluss selbst zu formulieren und in ein Tafelbild zu integrieren.

- Nun überlegt die Klasse im Plenum, wie sie an der Schule eine Kampagne zur Aufklärung über den Palmöl-Konsum und dessen Reduzierung anlegen kann. Möglich ist u. a. eine Ausstellung, zu der zusätzlich eine Broschüre oder ein Flyer erstellt wird. Die Schüler*innen entscheiden, welche Teilthemen sie abdecken möchten, z. B.:
  - Zahlen und Fakten zur Belastung durch die Palmöl-Produktion
  - Listen, in welchen Produkten wie viel Palmöl steckt
  - Vorstellung von Palmöl-Siegeln, auf die man beim Einkauf achten kann (und die Kritik an manchen dieser Siegel)
  - Möglichkeiten, im Alltag Palmöl zu reduzieren
  - Vorstellung von Projekten, die sich für eine nachhaltige Palmöl-Produktion oder die Reduzierung von Palmöl einsetzen

- In der **2. Stunde** teilen Sie diese Themen auf Kleingruppen auf, die dazu recherchieren und die notwendigen Informationen in der vereinbarten Form übersichtlich aufbereiten.

- In der **3. Stunde** werden die Ergebnisse im Plenum präsentiert und dann in der Schule ausgestellt bzw. verbreitet. Entsteht dazu eine betreute Ausstellung, bietet sich in jedem Fall eine kleine Verkostung der „Schokocreme ohne Palmöl", S. 20 an.

31 PORTRÄTS NACHHALTIGER START-UPS

Jahrgangsstufe | 8–10
Dauer | 4 Unterrichtsstunden mit einer ein- bis zweiwöchigen Pause zwischen der 2. und 3. Stunde
Material |
- Abbildungen von Logos einiger grüner Start-ups und evtl. Produkt dazu
- PCs mit Internetzugang, Textbearbeitungsprogramm, Drucker
- Aufstelltafel für eine Ausstellung, Pinnnadeln oder Klebeband

HINTERGRUND-INFORMATIONEN

Wer ein Unternehmen gründet, muss dabei nicht nur auf den Gewinn und die blanken Zahlen achten: Es gibt heutzutage **viele Start-ups**, die **nachhaltige Ideen** verfolgen und **innovative Projekte** zum Schutz von Klima und Umwelt umsetzen. Ob Bambus-Zahnbürsten, Sharing-Plattformen, vegane Genussmittel oder umweltfreundliche Suchmaschinen: Die Vielfalt ist riesig, der Erfolg einiger dieser Unternehmen groß. So hat sich bspw. „Ecosia" bereits als ernst zu nehmender Konkurrent von Google etabliert. Die Suchmaschine, die Bäume pflanzt, gilt als eines der führenden grünen Start-ups in Deutschland. Sicher ist einigen Schüler*innen auch „RECUP" bekannt: Dieses Unternehmen hat es sich zum Ziel gesetzt, den Verkauf von Einwegbechern zu begrenzen, und bietet ein nachhaltiges Mehrwegsystem für Kaffee to go an (s. „Verbrauch von Einwegbechern reduzieren", S. 8). Es hat **Auswirkungen auf den Kaffeekonsum in ganz Deutschland.** Oft stecken spannende Gründungsgeschichten hinter den grünen Start-ups und es sind tolle Produkte, die auch den Schüler*innen gefallen könnten. Hier könnte sich die Klasse bestimmt etwas abschauen und auf grüne Unternehmen aufmerksam werden, die ihnen vorher unbekannt waren.

ZIEL DES PROJEKTS

Die Schüler*innen erfahren einmal aus einem anderen Blickwinkel, wie Nachhaltigkeit aussehen kann und dass es dabei nicht nur um klassische Klimaschutzthemen geht, sondern auch um inspirierende Gründungsgeschichten. Durch die Vorstellung von Start-ups können sie vielleicht angeregt werden, Ideen für eine Karriere im Nachhaltigkeitsbereich zu entwickeln.

SO GEHT'S

- Bieten Sie der Klasse in der **1. Stunde** einen Einstieg ins Thema, indem Sie Produkte oder zumindest Logos grüner Start-ups mitbringen und die Schüler*innen fragen, ob sie ihnen bekannt sind. Kennen sie sie nicht, sollen sie versuchen, zu erraten, womit das Start-up sich beschäftigt. Sind den Schüler*innen noch andere grüne Start-ups bekannt, die nachhaltige Projekte verfolgen?
- Regen Sie an, die Geschäftsideen einiger grüner Start-ups schulweit bekannter zu machen, indem die Klasse eine Porträtreihe anfertigt, bei der jede Woche ein anderes Start-up Thema ist und im Schulgebäude mit einer Wand- oder Ausstellungstafel gewürdigt wird.
- In der **2. Stunde** recherchieren die Schüler*innen in Gruppen im Internet nach lohnenswerten grünen Start-ups, die ihnen zusagen. Hierbei kann es sich um deutsche Unternehmen handeln, was die angestrebte Kontaktaufnahme erleichtert, aber auch internationale Firmen sind möglich.
- Es folgt eine kurze Abstimmung, welche Gruppe sich um welches Start-up kümmert, um Dopplungen zu vermeiden. Dann geht es an die Arbeit. Die Schüler*innen stellen ein Porträt über ihr Unternehmen zusammen und sollten auch versuchen, die Gründer*innen für ein kurzes Interview anzufragen.
- Für die Kontaktaufnahme und Durchführung der Interviews sollten die Schüler*innen **ein bis zwei Wochen Zeit** bekommen. In der **3. und 4. Stunde** fügen die Gruppen ihre Porträts zusammen und präsentieren sie kurz in der Klasse. Abschließend wird die Reihenfolge der im Wochenrhythmus wechselnden Präsentation der Porträts im Schulgebäude festgelegt.

EXTRA-TIPP

Vielleicht haben Schüler*innen nach diesem Projekt auch Lust, selbst mit einer nachhaltigen Idee als Gründer*innen aktiv zu werden. Dann könnte die Lehrkraft in einem Folgeprojekt dabei behilflich sein, eine Schülerfirma zu gründen. Die dafür unbedingt erforderlichen Informationen zur Organisation solcher Kleinunternehmen finden sich z. B. beim „Fachnetzwerk Schülerfirmen".

32 KLIMASCHUTZ-ZEITUNG ERSTELLEN

Jahrgangsstufe | 8–10
Dauer | 5–8 Unterrichtsstunden
Material |
- einige Exemplare professioneller Umweltzeitschriften und -magazine (oft kostenlos in Biomärkten erhältlich) oder auch anderer Spartenmagazine
- PCs mit Internetzugang, Textbearbeitungsprogramm, Drucker
- Kameras/Handys für Fotos zur Bebilderung
- Zugang zur Schulhomepage
- Ausdruck der Checkliste S. 86

HINTERGRUND-INFORMATIONEN

Klimaschutz ist vielfältig – und überhaupt nicht langweilig. Es gibt **viele unterschiedliche Ansätze**, um selbst einen Beitrag zu leisten. So viele **spannende Projekte** und Unternehmen entwickeln innovative Lösungen. „Fridays for Future", grüne Start-ups, Unverpackt-Läden und andere Ansatzpunkte begeistern zahlreiche (junge) Menschen weltweit für das Thema. So vielfältig wie die Lösungsansätze sind auch die **Ursachen für den Klimawandel** und die **massiven Umweltbelastungen** durch unser modernes Leben: Sie sind in der Industrie und unserem eigenen Verhalten zu finden – und wenn man etwas verändern will, ist es wichtig, auch **die Hintergründe und Entstehungsmechanismen zu verstehen. Eine Klimaschutz-Zeitung**, verbreitet über die Schulhomepage, kann all diese Aspekte abdecken und dafür sorgen, dass die Mitschüler*innen und Lehrkräfte regelmäßig auf interessante Art und Weise Informationen erhalten.

ZIEL DES PROJEKTS

Die Schüler*innen befassen sich intensiv mit verschiedenen Aspekten von Klima- und Umweltschutz. Sie erlangen tief greifendes Fachwissen und können dieses im Anschluss mit anderen teilen. Sie schulen sich im Verfassen journalistischer Texte und erleben, Teil einer kleinen Onlineredaktion zu sein.

SO GEHT'S

- Präsentieren Sie den Schüler*innen in der **1. Stunde** eine kleine Auswahl an professionellen Umweltzeitschriften und -magazinen zur Inspiration. Stellen Sie die Idee vor, eine eigene digitale Klimaschutz-Zeitung, verbreitet über die Schulhomepage, zu veröffentlichen. An diesem Projekt sollen sich zunächst alle Schüler*innen der Klasse beteiligen; perspektivisch sollte sich die Redaktion auf eine Größe von fünf bis acht Personen einpendeln.

- Die Klasse überlegt im Plenum, wer und was für die Herausgabe einer digitalen Zeitschrift vonnöten ist, und verteilt die Aufgaben:
  - Ein Chefredaktions-Team behält den Überblick und führt eine Liste über die Themen. Es kann auch selbst kleine Artikel erstellen, wenn Zeit bleibt.
  - Ein Team kümmert sich um das Layout, entwickelt Namen und Deckblatt, sucht Fotos heraus oder macht selbst welche.
  - Alle anderen Schüler*innen sind Autor*innen: Gemeinsam werden mithilfe der vorhandenen Umweltmagazine Rubriken festgelegt, die in jeder Ausgabe der Zeitschrift enthalten sein sollen, z. B. eine Reportage, mehrere Hintergrundartikel, ein Interview, Tipp-Listen, ein Porträt eines Aktivisten oder einer Aktivistin etc. Die Schüler*innen entscheiden sich in Gruppen zu zwei bis drei Personen für ein Thema, das sie umsetzen.

- **Ab der 2. Stunde** werden die Aufgaben umgesetzt. Texte werden nach ihrer Fertigstellung jeweils von Mitschüler*innen gelesen („Vier-Augen-Prinzip"), um ein Feedback zu erhalten und Fehler zu vermeiden.

- Etwa **ab der 4. Stunde** tragen Chefredaktion und Layout-Team alle Inhalte am PC zusammen, sodass eine komplette Zeitung entsteht. Diese kann als PDF abgespeichert und in die Schulhomepage integriert werden (was die günstigste und umweltschonendste Variante wäre), aber auch ein Ausdruck ist möglich. Gehen Sie mit der Klasse hierzu vor der Veröffentlichung die ausgedruckte Checkliste (S. 86) durch.

EXTRA-TIPP

Es ist auch denkbar, einen Account in einem sozialen Netzwerk zu erstellen, um von dort auf die Inhalte aus der Zeitung zu verweisen und so eine noch größere Reichweite zu erzielen. Dann gäbe es in der Redaktion auch ein Social-Media-Team.

32 KV CHECKLISTE FÜR DIE KLIMASCHUTZ-ZEITUNG

Geht vor der Veröffentlichung der Klimaschutz-Zeitung noch einmal die folgenden Punkte gemeinsam durch.

		☑
1.	Wurden alle Texte auf Rechtschreib- und Grammatikfehler hin überprüft? Vor allem in Überschriften werden vermeintlich offensichtliche Fehler häufig übersehen.	☐
2.	Passen die abgebildeten Fotos jeweils zum Text oder wurde versehentlich etwas vertauscht?	☐
3.	Sind alle Copyright-Hinweise für die Fotos angegeben?	☐
4.	Stimmen die Bildunterschriften und passen die Angaben zu den abgebildeten Personen oder Produkten?	☐
5.	Stimmen überall die Angaben zu den Autorinnen und Autoren?	☐
6.	Sind alle Namen von interviewten Personen, vorgestellten Unternehmen etc. richtig geschrieben? Hier lohnt sich ein Extra-Check.	☐
7.	Stimmt das Layout überall oder gibt es unschöne Worttrennungen, zum Beispiel in den Überschriften?	☐
8.	Ist ein Impressum enthalten, das angibt, wer für die Inhalte verantwortlich ist?	☐
9.	Falls es ein Inhaltsverzeichnis gibt: Stimmen die Angaben dort mit den tatsächlichen Seitenzahlen überein?	☐
10.	Nach der Veröffentlichung: Bestimmt möchten interviewte Personen ein Exemplar der Zeitung erhalten. Ist sichergestellt, dass sie es auch bekommen?	☐

Wenn alle Punkte erfüllt sind: Viel Spaß beim Lesen und Verbreiten eurer Zeitung!

NACHHALTIGER KONSUM

33 REGAL ZUM BÜCHERTAUSCH AUFSTELLEN

Jahrgangsstufe | 5–7
Dauer | 3 Unterrichtsstunden
Material |
- altes, dickes Buch
- gebrauchtes Regal
- Bücher zum Befüllen
- ggf. PC mit Textbearbeitungsprogramm, Drucker

HINTERGRUND-INFORMATIONEN

Wenn es um umweltschädliche Produkte geht, denken vermutlich die wenigsten Menschen an Bücher. Doch auch für die **Herstellung von Büchern** sind wertvolle **Ressourcen** notwendig, für das Papier müssen Bäume gefällt werden. Auch wenn es die Möglichkeit gibt, Bücher auf Recyclingpapier zu drucken: Schätzungen zufolge wird für mehr als 80 % der von deutschen Verlagen hergestellten Bücher sogenanntes **Frischfaserpapier** genutzt. Daneben sind auch **große Mengen Wasser und Energie** nötig, außerdem wird im gesamten Herstellungs- und Vertriebsprozess CO_2 ausgestoßen. Expert*innen nehmen an, dass für zehn Bücher mit etwa 200 DIN-A5-Blättern etwa 11 kg des Treibhausgases fällig werden.[22] Weniger lesen kann natürlich nicht die Lösung sein – aber gerade bei Romanen, die man nur einmal liest, ist es sinnvoll, die Bücher im Anschluss weiterzureichen. Neben der **Weitergabe** in der eigenen Familie und dem Freundeskreis haben sich in vielen Städten bereits **öffentliche Bücherregale** etabliert. Hier kann jede*r die nicht mehr benötigten Bücher hineinstellen und sich selbst welche herausnehmen. Das ist auch an der Schule möglich: Die Schüler*innen können untereinander Bücher tauschen und vielleicht in der Pause oder Freistunde auf ein Buch stoßen, an das sie vorher nie gedacht hätten.

ZIEL DES PROJEKTS

Durch das Tausch-Bücherregal können die Schüler*innen dafür sorgen, dass weniger neue Bücher hergestellt und so Ressourcen eingespart werden. Außerdem ermöglichen sie den Büchern eine Weiterverwendung – und sie selbst erhalten gebrauchte Bücher ganz umsonst.

[22] vgl. https://www.br.de/radio/bayern1/inhalt/experten-tipps/umweltkommissar/buch-ebook-lesen-umwelt-100.html

SO GEHT'S

- Nutzen Sie in der **1. Stunde** für die Hinführung zum Thema ein dickes Buch als Anschauungsobjekt, vielleicht ein altes Märchenbuch, das positive Erinnerungen weckt. Fragen Sie die Schüler*innen nach ihren Lesegewohnheiten: Was lesen sie, aber auch wo, wann, warum und wie? Und was müsste passieren, damit sie mehr Bücher lesen? Vielleicht ergibt sich im Gespräch der Gedanke, dass Bücher viel Platz brauchen und man nicht alle gelesenen Bücher zu Hause im Regal aufheben kann. Leiten Sie zu den Umweltaspekten der Bücherherstellung über und was geschehen würde, wenn man jedes ausgelesene Buch sofort entsorgt.

- Schlagen Sie, falls die Klasse nicht von selbst darauf kommt, eine Bücher-Tauschbörse in Form eines Regals vor, durch das sich jede*r Schüler*in Lesestoff besorgen und ausgelesene Bücher weitergeben kann.

- Setzen Sie die Idee ab der **2. Stunde** in die Tat um, indem Sie mit den Schüler*innen beraten, was benötigt wird, und einzelne Gruppen mit den notwendigen Aufgaben betrauen:
  - mit der Schulleitung oder dem*der Hausmeister*in einen geeigneten Ort für das Regal auswählen
  - ein passendes Regal beschaffen, idealerweise gebraucht und kostenfrei: Gibt es in der Schule oder in einer Familie ein Regal, das nicht mehr benötigt wird? Eröffnet sich in Secondhandkaufhäusern oder online eine günstige Alternative? Oder besser: Möchte die Klasse selbst ein Regal herstellen (s. „Upcycling-Ideen fürs Klassenzimmer", S. 55)?
  - zu Hause und im Bekanntenkreis ausrangierte Bücher sammeln – möglichst ein breites inhaltliches Spektrum und so viele, dass eine gute Auswahl bereitsteht, aber noch Platz für Bücher anderer Schüler*innen ist
  - die gesamte Schule durch Aushänge und eine Mitteilung auf der Schulhomepage über die Aktion informieren. (Dazu gehört auch ein Hinweisschild am Bücherregal selbst, das über die Tauschregeln und den Umweltschutzaspekt informiert.)

- Am Ende der **3. Stunde** sollte das Regal bestückt werden können. Schließlich legt die Klasse noch eine*n wöchentlich wechselnde*n „Regal-Checker*in" fest, der*die überprüft, ob das Tausch-Regal in gutem Zustand ist, genug Bücher vorhanden sind etc.

34 KLEIDERTAUSCHPARTY ORGANISIEREN

Jahrgangsstufe | 5–10
Dauer | 1,5 Unterrichtsstunden, 3–4 Stunden für das Event
Material |
- saubere, tragbare, gebrauchte Kleidung
- größerer Raum mit Zugang zu Nebenräumen (Umkleide)
- Tische und evtl. Kleiderständer
- Pappen und Stifte; PC mit Textbearbeitungsprogramm, Druckmöglichkeit
- Hintergrundmusik, Getränke, Snacks

HINTERGRUND-INFORMATIONEN

So gern viele Menschen shoppen: **Immer neue Kleidungsstücke** sorgen für **immer neue Umweltbelastungen**. Beim Bedrucken, Färben und Behandeln der Textilien werden – je nach Art der Herstellung – unzählige verschiedene **gesundheits- und umweltschädliche Chemikalien** eingesetzt. In vielen Produktionsländern verschmutzen diese Stoffe das Abwasser; durch das spätere Waschen landen weiterhin Gifte in der Umwelt. Außerdem legen neue Kleidungsstücke oft Zehntausende Kilometer zurück, bis sie in deutschen Geschäften liegen. Auch die Produktionsbedingungen sollte man beim Thema Mode im Blick haben: Die Kollektionen vieler Fast-Fashion-Ketten werden in fernen Ländern hergestellt, in denen die Arbeiter*innen niedrige Löhne erhalten und teilweise unter menschenunwürdigen Bedingungen arbeiten – von Kinderarbeit ganz zu schweigen! Problematisch ist ebenso, dass Mode immer günstiger angeboten und deshalb immer mehr davon geshoppt wird. Die Bekleidungsproduktion hat sich zwischen den Jahren 2000 und 2014 verdoppelt, im Jahr 2014 wurden mehr als **100 Mrd. Kleidungsstücke** hergestellt. So viel können wir gar nicht tragen: In Deutschland werden jedes Jahr etwa 1,3 Mio. t Kleidung entsorgt.[23] Dabei verbraucht Mode viele Ressourcen, z. B. viel Wasser für Baumwolle und Erdöl für Polyester. Es wäre gut, wenn Kleidung nicht im Müll landet, sondern in einer **Kreislaufwirtschaft** weiterverwendet wird. Secondhandgeschäfte, Flohmärkte oder **Kleidertausch-Events** können hier einen Beitrag leisten. Bei Letzteren bringen die Teilnehmenden aussortierte Kleidung mit und suchen sich kostenlos neue Lieblingsteile aus.

[23] vgl. https://greenwire.greenpeace.de/system/files/2019-04/s01951_greenpeace_report_konsumkollaps_fast_fashion.pdf, Seite 2 und 4

ZIEL DES PROJEKTS

Die Schüler*innen werden über die teils verheerenden Folgen der billigen Modeproduktion aufgeklärt. Durch die Kleidertauschparty sollen sie dafür sorgen, dass mehr Textilien weiterverwendet werden, was die Umwelt entlastet. Außerdem erhalten sie selbst neue Kleidungsstücke – und das völlig kostenlos.

SO GEHT'S

- Erstellen Sie mit den Schüler*innen in der **1. Stunde** an der Tafel eine Tabelle zum Thema „Mein Kleiderschrank“: Wie viele Kleidungsstücke besitzen die Schüler*innen etwa? Wie lange tragen sie sie? Wie oft kaufen sie sich etwas Neues? Sprechen Sie auch darüber, aus welcher Motivation heraus sie Kleidung kaufen und worauf sie dabei achten. Zeigen Sie der Klasse dann die prekäre Situation in der Modeindustrie auf, u. a. auch mittels eines berührenden Textes oder Videos zu Kinderarbeit in der Textilindustrie.
- Stellen Sie die Idee der Kleidertauschparty als eine Möglichkeit vor, weniger Kleidung neu zu kaufen, und überlegen Sie gemeinsam mit der Klasse, welche organisatorischen Schritte notwendig sind, z. B.:
  - Raum für die Veranstaltung: Auf zusammengestellten Tischen (und ggf. an Kleiderständern) wird die Kleidung sortiert präsentiert. Als Umkleide sollte ein Nebenraum zugänglich sein, idealerweise mit Spiegel.
  - Beschriftung für die Kleidung (z. B. „Hosen“, „Pullover“, Größen)
  - Aushänge mit Regeln (z. B. „Nur mitnehmen, was man wirklich braucht!“, „Bitte wertschätzend mit der Kleidung umgehen!“)
  - Einladung an alle Schüler*innen bzw. bestimmte Jahrgangsstufen mit Informationen über Raum, Termin, Dauer und den Hintergrund des Events
  - Hintergrundmusik, Getränke, Snacks für den Party-Charakter
  - Einteilung von Teams, die das Event betreuen: Auf- und Abbau, Verteilen der Kleidung in der jeweiligen Kategorie usw.
- Ganz wichtig ist, dass die Klasse selbst zur **2. Stunde** ihre Kleidungsstücke zum Tausch abgibt, damit diese für den Start vorliegen und bis zum Event noch geordnet und sortiert werden können. Die übrigen Partygäste bringen ihre Tauschkleidung beim Kommen mit.
- **Am Tag der Party** sollten Sie einige Zeit für den Auf- und Abbau einplanen und ansonsten auf viel Tauschkleidung hoffen.

35 CHARITY-FLOHMARKT ORGANISIEREN

Jahrgangsstufe | 5–10

Dauer | 2 Unterrichtsstunden; 3–4 Stunden für das Event

Material |
- Verkaufsgegenstände
- größerer Raum mit Zugang zu Nebenräumen (Umkleide) oder Außenbereich
- Tische und evtl. Kleiderständer
- Pappen und Stifte; PC mit Textbearbeitungsprogramm, Druckmöglichkeit
- Hintergrundmusik, Getränke, Snacks

HINTERGRUND-INFORMATIONEN

Umweltexpert*innen empfehlen bei fast allen Produkten, im Sinne einer **Kreislaufwirtschaft** zu denken: Hierbei geht es um eine möglichst lange Nutzung – und so um die **Einsparung von Rohstoffen**, die zur Herstellung von neuen Konsumgütern notwendig sind. Kleidungsstücke, Haushaltsgegenstände oder Elektrogeräte sollten nicht im Müll landen, sobald man selbst sie nicht mehr benutzen möchte oder sie leichte Defekte haben: Werden sie repariert oder an neue Besitzer*innen weitergegeben, schont das den Planeten. **Abfallvermeidung** und **Wiederverwendung** stehen dabei immer vor dem Recycling.

Die Herstellung von Kleidung verbraucht je nach Art der Textilien viele Rohstoffe (s. „Kleidertausch-Party organisieren", S. 90). Auch die Produktion von Elektrogeräten geht nicht spurlos an der Umwelt vorbei: Hier sind oft **wertvolle Ressourcen**, wie Kupfer, Gold oder Aluminium, enthalten (s. „Elektroschrott sammeln und recyceln", S. 65). Ein **Flohmarkt** kann einen Beitrag dazu leisten, die Wiederverwendung (auch „Re-Use" genannt) zu erhöhen. Wer alte Dinge weitergibt und gleichzeitig gebrauchte Produkte von anderen Marktteilnehmer*innen kauft, sorgt dafür, dass weniger neue Kleidungsstücke oder Elektrogeräte hergestellt werden – so funktioniert Konsum nach dem Prinzip der Kreislaufwirtschaft. Das verdiente Geld könnte für Klimaschutzprojekte gespendet werden, um den Nutzen des Projekts noch weiter zu erhöhen.

ZIEL DES PROJEKTS

Die Schüler*innen sollen für das Thema sensibilisiert werden und die Folgen ihres Konsums überdenken. Durch den Verkauf alter Habseligkeiten schenken sie diesen Dingen die Chance, weiterverwendet zu werden. Gleichzeitig können alle Besucher*innen gebrauchte Produkte kaufen und Neuanschaffungen vermeiden.

SO GEHT'S

- Besprechen Sie mit der Klasse in der **1. Stunde** zunächst den Gedanken der Kreislaufwirtschaft, indem Sie den Kreislauf eines oder mehrerer Rohstoffe vorstellen. Fragen Sie die Schüler*innen nach Möglichkeiten, die Weiterverwendung von Rohstoffen zu fördern und Neukäufe zu vermeiden.
- Stellen Sie, wenn die Klasse nicht von selbst darauf kommt, die Idee vor, an der Schule einen Flohmarkt zu veranstalten. Einigen Sie sich auf einen Tag – der Flohmarkt kann auch gut Teil einer anderen Veranstaltung, z. B. eines Schulfestes, sein – und überlegen Sie sich geeignete Räumlichkeiten. Bedenken Sie dabei auch eine Schlechtwettervariante.
- Tragen Sie mit den Schüler*innen die für die Vorbereitung notwendigen Schritte zusammen und verteilen Sie in der **2. Stunde** die Aufgaben in der Klasse. Eine Aufgabe, die alle Schüler*innen bekommen, ist, zu Hause nach gebrauchten und nicht mehr benötigten Gegenständen zu fragen.
- Eine Gruppe kümmert sich um die Erstellung von Flyern und Plakaten, die über den Flohmarkt informieren. Eine weitere verkauft am Veranstaltungstag Snacks und Getränke. Außerdem ist es nötig, den Raum oder Außenbereich mit Tischen für die Waren, Stühlen für die Verkäufer*innen, Spiegeln und Umkleidemöglichkeiten zur Anprobe usw. auszustatten (und diese auch wieder wegzuräumen). Die Schüler*innen sollten auch entscheiden, ob die Verkaufsgegenstände nach Kategorien auf den Tischen präsentiert werden (Kleidung, Spielsachen, Haushaltsgeräte etc.) oder bunt durcheinander und wer welchen Stand betreut.
- Ist alles geplant, kann der Flohmarkt am **Veranstaltungstag** mit ausreichend Vorlaufzeit stattfinden. Das eingenommene Geld sollte nach Möglichkeit gespendet werden. In einer abschließenden Reflexionsrunde erörtern die Schüler*innen, ob sich aus dem einmaligen Ereignis eine regelmäßige schulinterne Tauschbörse organisieren ließe – und sei es auch nur durch ein Schwarzes Brett oder in digitaler Form.

REPAIRCAFÉ VERANSTALTEN

Jahrgangsstufe | 8–10

Dauer | 2 Unterrichtsstunden; 2–4 Stunden für das Event

Material |
- mehrere defekte Elektrogeräte
- 4–6 Reparatur-Expert*innen
- Werkzeug
- PC zur Internetrecherche
- Raum mit Tischen und Stühlen, Snacks und Getränke

HINTERGRUND-INFORMATIONEN

Ein Wackelkontakt, ein komisches Rauschen – wenn **Elektrogeräte** nicht mehr hundertprozentig funktionieren, werden sie oft sofort ausgetauscht. Ein neueres, schickeres Modell kommt in die Wohnung, das alte Gerät landet im Keller oder im Müll. Der „Global E-Waste Monitor 2020" zeigt, dass die weltweite Menge an **Elektroschrott** in nur fünf Jahren um 21 % zugelegt hat. Leider wird immer nur ein kleiner Teil davon recycelt. In Deutschland entstehen dem Bericht zufolge jährlich 20 kg Elektroschrott pro Person – Tendenz steigend.[24] Die Folgen sind verheerend, denn in allen Elektrogeräten sind **wertvolle Materialien** enthalten, die teilweise mit hohem Energieaufwand gewonnen werden. Werden Geräte unsachgemäß entsorgt, können **Giftstoffe** in die Umwelt gelangen und dort Schäden anrichten. Doch so muss es nicht laufen, denn jede*r Einzelne kann etwas dagegen tun. Die oberste Maßgabe lautet: **Elektrogeräte weiterverwenden**, solange es möglich ist. Eine Reparatur ist dem Neukauf vorzuziehen – und wenn man selbst nicht die Kompetenzen dafür hat, können Expert*innen helfen. Neben professionellen Betrieben gibt es in vielen Städten sogenannte **Repaircafés**, in denen Menschen zusammenkommen, um defekte Gegenstände zu reparieren.

ZIEL DES PROJEKTS

Die Schüler*innen sollen für die Themen Elektroschrott, Weiterverwendung und nachhaltige Nutzung sensibilisiert werden. Das Projekt hilft außerdem dabei, die Menge an Elektroschrott zu reduzieren und defekten Geräten eine weitere Nutzungsdauer zu geben.

[24] vgl. https://globalewaste.org/proxy/?publication=/v1/file/271/The-Global-E-waste-Monitor-2020-Quantities-flows-and-the-circular-economy-potential.zip, Seite 24 und 108

SO GEHT'S

- Bringen Sie in der **1. Stunde** ein kleines Elektrogerät mit in die Klasse, z. B. einen Wasserkocher oder ein Bügeleisen, und behaupten Sie, es sei noch nicht alt, würde aber plötzlich nicht mehr funktionieren. Was würden die Schüler*innen nun tun? Einige schlagen sicher einen Neukauf vor, andere vielleicht eine Reparatur. Zeichnen Sie eine Tabelle an die Tafel und sammeln Sie mit den Schüler*innen die Vor- und Nachteile der beiden Verfahrensweisen. Kommen Sie dabei auch auf die Umweltbelastung durch Elektroschrott zu sprechen. Ein Nachteil der Reparatur ist, dass man oft nicht in der Lage ist, sie selbst auszuführen.
- Leiten Sie auf der Suche nach Lösungen zur Idee des Repaircafés über. Die Schüler*innen überlegen, ob sie auch Geräte zu Hause oder in der Schule haben, die noch repariert und weiterverwendet werden können. Wen würde es interessieren, Expert*innen bei der Reparatur über die Schulter zu schauen und auch selbst Hand anzulegen?
- Überlegen Sie gemeinsam, was für die Durchführung eines Repaircafés in der Schule notwendig ist, und zwar:
  - mehrere Expert*innen, wie etwa handwerklich begabte Eltern, Lehrkräfte oder sogar Mitarbeitende eines Repaircafés in der Umgebung
  - Werkzeug, z. B. von zu Hause oder aus dem Werkraum der Schule
  - ein fester Termin und eine passende Räumlichkeit
- Zur **2. Stunde** sollen die Schüler*innen bereits Elektrogeräte mitbringen, die sie gern reparieren würden, und das Repaircafé gezielt planen. Auch sollten die Expert*innen über die zu erwartenden Geräte informiert sein, um abschätzen zu können, ob eine Reparatur möglich ist, und evtl. nötiges Spezialwerkzeug mitzubringen.
- Am **Veranstaltungstag** werden die Expert*innen begrüßt, mit Snacks und Getränken versorgt und bei der Reparatur begleitet. Interessierte Schüler*innen können zuschauen und sich anleiten lassen. Irreparable Geräte sollten am Ende fachgerecht entsorgt werden (s. „Elektroschrott sammeln und recyceln", S. 65).

INTERNET-TIPP

Unter https://www.reparatur-initiativen.de und https://repaircafe.org/de/ gibt es eine Übersicht über Reparaturcafés und weitere Hinweise für Lehrkräfte und Schulen.

37 SIEGEL-ÜBERSICHT FÜR KLEIDUNG ERSTELLEN

Jahrgangsstufe | 8–10
Dauer | ca. 2 Unterrichtsstunden
Material |
- PCs mit Internetzugang und Textbearbeitungsprogramm
- evtl. Druckmöglichkeit und Heftgerät

HINTERGRUND-INFORMATIONEN

Welcher Pullover wurde **fair produziert**? Wie viele **giftige Substanzen** wurden eingesetzt, um ein T-Shirt zu färben? Und welche **Wassermenge** war für die Herstellung der Lieblingsjeans notwendig? Über diese Fragen machen sich viele Menschen beim Shoppen keine Gedanken – doch sie haben erhebliche Auswirkungen auf den Planeten. Es geht um **Farbstoffe und Bleichmittel**, um **Pestizide und Konservierungsmittel**. Einige Zahlen für den Hintergrund: Man braucht etwa 200 Badewannen voll Wasser, um 1 kg Baumwolle zu gewinnen. Außerdem wird bei der Produktion von 1 kg Textilien bis zu 1 kg Chemikalien eingesetzt. Für synthetische Fasern wird Erdöl benötigt, dessen Förderung viel Energie verbraucht und die **CO_2-Emissionen** in die Höhe treibt. Auch der Betrieb der großen Produktionshallen und der Transport vom Herstellungsland in die deutsche Fußgängerzone fällt ins Gewicht.
Die verwendeten Chemikalien sind nicht nur für die Umwelt ein Problem, sie können auch **allergische Reaktionen** auf der Haut hervorrufen oder die Arbeiter vor Ort krank machen, wenn diese täglich von den Substanzen umgeben sind. Doch Kleidungsproduktion kann auch anders aussehen: Es gibt Modemarken, die auf bestimmte Chemikalien verzichten, andere setzen nur auf Biobaumwolle, manche kämpfen für faire Arbeitsbedingungen. **Siegel** helfen dabei, als Käufer*in den Überblick zu behalten – doch welches wofür steht und wie glaubwürdig es ist, das sieht man nicht auf den ersten Blick.

ZIEL DES PROJEKTS

Während der Auseinandersetzung mit dem Thema bekommen die Schüler*innen einen kritischeren Blick auf die Modeindustrie und ihre Produktionsbedingungen. Durch die Erstellung eines Siegel-Katalogs lernen sie die verschiedenen Kriterien kennen und können sich in Zukunft daran orientieren. Wenn die Übersicht in der ganzen Schule verteilt wird, ist der Effekt umso größer.

SO GEHT'S

- Verwenden Sie in der **1. Stunde** eine kurze Dokumentation oder einen Filmauszug zu den Arbeitsbedingungen in der Textilindustrie als emotionalen Einstieg in das Thema. Tragen Sie anschließend mögliche Umweltbelastungen bei der Kleidungsproduktion – sowohl für die Textilarbeiter*innen als auch die Verbraucher*innen – zusammen und leiten Sie dazu über, dass Gütesiegel hier für Qualität stehen (sollen). Die Schüler*innen können überlegen, welche Siegel sie kennen. Bekannt sind z. B. GOTS und Öko-Tex.
- Im Anschluss recherchieren die Schüler*innen in kleinen Gruppen im Internet nach Siegeln und verschaffen sich einen umfassenden Überblick. Die gefundenen Siegel werden in einer Liste an der Tafel zusammengetragen.
- In der **2. Stunde** teilen Sie die Schüler*innen in so viele Gruppen ein, wie Sie Siegel in den Katalog aufnehmen möchten, plus eine*n Schüler*in, der*die ein einheitliches Layout für den späteren Katalog erstellt.
- Im Folgenden erstellt jede Gruppe eine genaue Definition zu einem Siegel – inkl. Aufnahmekriterien, einer Liste mit Anbieter*innen und möglichen Kritikpunkten.
- Im Nachgang fügt der*die Layouter*in alle Informationen zu einem Siegel-Katalog zusammen, der dabei hilft, möglichst klimaschonend einzukaufen. Die Übersicht kann ausgedruckt und geheftet oder digital an die Schüler*innen verteilt werden. Es ist auch möglich, den Katalog an die gesamte Schule zu verschicken oder auf der Schulhomepage zum Download bereitzustellen. So können künftig noch mehr Schüler*innen und Lehrkräfte nachhaltig shoppen.

INTERNET-TIPP

Es gibt auch viele Blogger*innen, die über Fair Fashion informieren, so etwa www.fairfashionblog.de oder www.fairknallt.de.

38 SIEGEL-ÜBERSICHT FÜR LEBENSMITTEL ERSTELLEN

Jahrgangsstufe | 5-7
Dauer | 3 Unterrichtsstunden
Material |
- große Abbildungen der wichtigsten Lebensmittel-Siegel, je eine auf einem A5-Blatt
- PCs mit Internetzugang
- Material zur Plakatgestaltung, wie Papier, Stifte, Schere, Kleber

HINTERGRUND-INFORMATIONEN

Wer heutzutage im Supermarkt steht und eine Tüte Milch oder Packung Nudeln in der Hand hält, wird mit **verschiedenen Siegeln und Labels** konfrontiert: Inhalt, Produkt, Nährwertangaben – und dann noch die Kennzeichnungen, ob dieses Lebensmittel regional hergestellt wurde, die Produktion fair ablief und welche Bio-Kriterien es erfüllt. Es ist schwer, als Verbraucher*in den Überblick zu behalten und zu entscheiden, an welchen Siegeln man sich orientieren sollte, um einen positiven Einfluss auf die Umwelt zu haben. Auch über die **Glaubwürdigkeit** der verschiedenen Siegel herrscht oft Unklarheit, denn die Anforderungen sind sehr unterschiedlich. Einige **Bio-Label** werden z. B. für Bio-Produkte genutzt, die nach den Mindeststandards, den EU-Rechtsvorschriften für den ökologischen Landbau, zertifiziert wurden. Andere Bio-Zeichen stehen für Bio-Produkte, die nach Kriterien zertifiziert wurden, die in einigen Punkten noch über den Mindeststandard hinausgehen – umso größer ist dementsprechend der Umweltschutz beim Kauf dieser Produkte. Wer als Käufer*in wirklich bewusst handeln möchte, braucht **einen übersichtlichen Katalog**, der all diese Label erklärt und verdeutlicht, worauf man beim nächsten Supermarktbesuch achten sollte.

ZIEL DES PROJEKTS

Die Klasse beschäftigt sich intensiv mit den verschiedenen Siegeln, die Lebensmittel tragen können – und setzt sich auch kritisch mit den Vergabekriterien auseinander. Dadurch steigt das Bewusstsein für die Hintergründe der Lebensmittelkennzeichnung. Die Siegel-Übersicht hilft ihnen und ihren Familien, in Zukunft umweltfreundlicher einkaufen zu können.

SO GEHT'S

- Führen Sie in der **1. Stunde** zunächst mit Abbildungen der wichtigsten Lebensmittel-Siegel auf A5-Blättern ins Thema ein, indem Sie die Schüler*innen befragen, ob ihnen welche davon bekannt vorkommen, auf welchen Produkten sie zu finden sind und wofür sie stehen. Erfragen Sie auch, was Siegel anzeigen müssten, damit die Schüler*innen im Supermarkt gerade nach diesen Produkten greifen.

HINWEISE

Die folgenden Lebensmittel-Siegel sollten im Projekt Erwähnung finden:

1. EU-Bio-Logo
2. Ohne GenTechnik
3. Fairtrade
4. "V-Label" mit zusätzlicher Kategorie für vegetarische bzw. vegane Produkte
5. MSC
6. Staatliches Bio-Siegel in Deutschland

5. 

1. 

2. 

3. FAIRTRADE

4. 

6. 

- Drehen Sie die A5-Blätter mit den Siegel-Abbildungen nun um, mischen Sie sie gut durch und lassen Sie einige Schüler*innen eines davon ziehen. Diese Schüler*innen wählen sich jetzt drei bis vier weitere Personen für eine Gruppe und recherchieren zu dem gezogenen Siegel. Ziel ist es, ein Plakat mit einem Kurzporträt des Siegels zu erstellen, das – wenn nötig – auch eine kritische Auseinandersetzung enthält, da nicht alle Siegel von Expert*innen als besonders wirkungsvoll beurteilt werden. Als illustrierende Abbildung des Siegels kann das A5-Blatt dienen, sodass nichts gedruckt werden muss.

- In der **2. Stunde** ordnen die Gruppen die gefundenen Informationen und gestalten das Plakat ansprechend in handschriftlicher Form.

- In der **3. Stunde** präsentiert jede Gruppe ihr Plakat im Plenum und äußert ihre Meinung zum Nutzen des Siegels. Das Plakat kann in der Folge im Klassenraum oder im Schulflur aufgehängt werden, wo es auch anderen Schüler*innen eine Orientierung bietet.

Abb.: 1. Das EU-Bio-Logo, Quelle: EU-Kommission; 2. Verband Lebensmittel ohne Gentechnik (VLOG e. V.); 3. TransFair e. V.; 4. V-Label GmbH, www.v-label.eu; 5. Marine Stewardship Council; 6. Bundesministerium für Ernährung und Landwirtschaft

39 NACHHALTIGEN REISEFÜHRER ERARBEITEN

Jahrgangsstufe | 7–10
Dauer | 2–3 Unterrichtsstunden
Material |
- PCs mit Internetzugang und Textbearbeitungsprogramm
- Notizpapier und Stifte

HINTERGRUND-INFORMATIONEN

Vermutlich möchten alle Schüler*innen in den Ferien **Urlaub** machen – und denken dabei vor allem an den Spaß und nicht ans Klima. Doch idealerweise lässt sich beides verbinden. Klassische Pauschalreisen sind häufig nicht besonders umweltschonend, vor allem Flüge erzeugen erhebliche **CO_2-Emissionen**. Ein Flug von Frankfurt/Main nach Mallorca und wieder zurück sorgt im Schnitt für einen Ausstoß von etwa 500 kg CO_2.[25] Etwas klimaverträglicher ist eine Urlaubsreise mit dem Auto; besonders gering sind die Belastungen bei Zug- oder Fernbusfahrten. So sorgt die Reise mit dem Zug von München zum Gardasee im Auto für einen CO_2-Ausstoß von knapp 30 kg pro Person (bei drei Menschen im Auto), im Zug sind es 15 kg und im Fernbus nur knapp 10 kg pro Person.[26]
Wer doch mal fliegen will, kann die verursachten **Emissionen kompensieren**: Anbieter wie „atmosfair" pflanzen z. B. Bäume, um den CO_2-Ausstoß einer Reise auszugleichen. Bei dem Flug von Frankfurt nach Mallorca sind es etwa 18 €.
Wenn man vor Ort ist, macht auch das **Verhalten** einen Unterschied. Essen von regionalen Produzent*innen schlägt weniger ins Gewicht als große Büfetts, bei denen die Herkunft der Lebensmittel unklar ist und hinterher ein Teil im Müll landet. Oft ist es gar nicht so schwer, auch im Urlaub klimafreundlich zu handeln und die Zeit trotzdem zu genießen – wenn man die richtigen Tipps kennt und Ideen für tolle Ziele bekommt.

ZIEL DES PROJEKTS

Die Schüler*innen sammeln Ideen, wie Urlaub gleichzeitig nachhaltig gestaltet sein und Spaß machen kann. Durch die Benennung konkreter Reiseziele erhalten die Schüler*innen und ihre Familien Inspiration für alternative Reisen, gleichzeitig schärft die Klasse das Bewusstsein für dieses Thema.

[25] vgl. https://www.quarks.de/umwelt/klimawandel/co2-rechner-fuer-auto-flugzeug-und-co/
[26] ebd.

SO GEHT'S

- Bitten Sie die Schüler*innen in der **1. Stunde**, Ihnen in Form eines Blitzlichts eines ihrer Lieblingsurlaubsziele zu nennen und die Art, wie sie dort hingelangen. Beginnen Sie dabei selbst mit Ihrem Ziel, damit die Klasse merkt, dass es nicht um einen Wettbewerb der tollsten Fernreisen geht. Notieren Sie die genannten Ziele an der Tafel und leiten Sie zum Begriff „klimafreundlich reisen" über. Vielleicht haben die Schüler*innen Ideen, welche Faktoren besonders ins Gewicht fallen, und können die genannten Reiseziele dahin gehend bewerten.
- Lassen Sie die Klasse anschließend für ein konkretes Beispiel die CO_2-Emissionen bei verschiedenen Verkehrsmitteln schätzen.
- Im Anschluss überlegt sich jede*r Schüler*in allein ein für ihn*sie interessantes Reiseziel in der näheren Umgebung. Sicher hat jede*r schon ein schönes Ziel in der Nähe besucht, kennt einen tollen Strand im Nachbarland oder einen Badesee, der gut mit dem Zug zu erreichen ist.
- Die Lehrkraft erfasst die ausgewählten Reiseziele in einer kleinen Übersicht, damit nichts doppelt vorkommt und sie evtl. beratend einwirken kann. In der **2. Stunde** verfassen die Schüler*innen mithilfe des Internets oder anderer Recherchemöglichkeiten einen Steckbrief für den Ort und sammeln Ideen für eine klimaschonende, umweltfreundliche Reise dorthin: Wo befindet sich der Ort? Was macht ihn so besonders? Was ist über Unterkunft, Verpflegung und schöne, vielleicht sogar nachhaltige Aktivitäten vor Ort zu sagen? Außerdem sucht jede*r Schüler*in ein bis zwei Fotos des Reisezieles heraus.
- Wenn alle Tipps fertig formuliert sind, stellt jede*r Schüler*in in der **3. Stunde** seinen*ihren Reise-Tipp im Plenum vor. Dazu projiziert die Lehrkraft die ausgewählten Fotos per Beamer. Nach einem Feedback durch die Klasse und die Lehrkraft werden die Tipps noch einmal überarbeitet und in einheitlichem Layout in einem Textdokument zusammengefügt. Die Lehrkraft verschickt den Reiseführer daraufhin an die gesamte Klasse.

40 EINKAUFS-GUIDE FÜR DIE EIGENE STADT

Jahrgangsstufe | 7–10
Dauer | 3–4 Unterrichtsstunden inkl. Besuch vor Ort oder Interview
Material |
- Beispielprodukte in verschiedenen Verpackungen (s. Erläuterung)
- PCs mit Internetzugang, Textbearbeitungsprogramm und Drucker
- Kameras/Handys zur fotografischen Dokumentation
- ausgedruckte Checkliste S. 104

HINTERGRUND-INFORMATIONEN

Wie und wo wir einkaufen, hat entscheidenden Einfluss darauf, wie sehr wir die Umwelt schonen. Ein großes Problem stellen **Verpackungen** dar – vor allem aus Kunststoff. Zwischen 1950 und 2015 wurden dem BUND zufolge weltweit 8,3 Mrd. t Plastik produziert. Das ist mehr als 1 t pro Person, die aktuell auf der Erde lebt. Verpackungen und **Einwegprodukte** machen dabei den größten Teil aus.[27] Die **Auswahl der Lebensmittel** spielt ebenfalls eine Rolle: **Bioprodukte** unterstützen den Umwelt- und Tierschutz, da hierbei auf chemisch-synthetische Pflanzenschutzmittel verzichtet und auf eine möglichst artgerechte Tierhaltung geachtet wird. Auch auf die Herkunft kommt es an: Lange Lieferketten von Lebensmitteln und anderen **Konsumgütern treiben den CO_2-Ausstoß in die Höhe.** Wenn es möglich ist, **regionale Produkte zu kaufen**, sind diese klar zu bevorzugen. Geht es um Einrichtungsgegenstände, Elektrogeräte oder Kleidung, schützt **Secondhandware** die Umwelt, denn für sie werden keine wertvollen Ressourcen verbraucht und der Aufwand für die Neuproduktion entfällt.
Um all diese Faktoren beim Einkaufen zu erfüllen, muss man nur wissen, wo man die entsprechenden Produkte findet – dann ist es oft auch nicht teurer als sonst.

ZIEL DES PROJEKTS

Zunächst sollen die Schüler*innen ein besseres Bewusstsein dafür erlangen, welche Folgen ihre Konsumentscheidungen haben, und ihren Blick für Verpackungsmaterialien und Transportwege schärfen. Der nachhaltige Einkaufs-Guide inspiriert sie zum umweltschonenden Konsum in der eigenen Stadt.

[27] vgl. https://www.bund.net/fileadmin/user_upload_bund/publikationen/chemie/chemie_plastikatlas_2019.pdf, Seite 8

SO GEHT'S

- Bringen Sie den Schüler*innen in der **1. Stunde** eine Auswahl von Produkten derselben Kategorie in verschiedenen Verpackungen und mit verschiedener Herkunft mit, bspw. Käse in einer Plastikschale, in dünner Folie, einer zusätzlichen Pappschachtel, unverpackt in einem Glasbehälter usw. aus einem Hofladen in der Nähe, aus einer Großkäserei in einer anderen Region Deutschlands und aus z. B. Süditalien. Sprechen Sie mit der Klasse über die Umweltbelastungen, die beim Kauf der diversen Käse entstehen. Sammeln Sie gemeinsam Ideen, welche Faktoren beim Einkauf die Umwelt besonders belasten – und wie man die negativen Einflüsse reduzieren kann, z. B.:
  - möglichst Unverpacktes kaufen
  - Bioprodukte kaufen
  - saisonal und regional einkaufen, z. B. auf dem Markt
  - keine Einwegprodukte kaufen
  - fair produzierte Kleidung kaufen (auf Siegel achten)
  - gebrauchte Produkte kaufen

- Im Anschluss bereiten die Schüler*innen in Kleingruppen unter diesen Gesichtspunkten konkrete Einkaufstipps für den eigenen Ort bzw. die nächstgrößere Stadt vor. Sie recherchieren geeignete Anlaufstellen, teilen sie unter sich auf, um Dopplungen zu vermeiden, und stellen Informationen zusammen: Angebot, Öffnungszeiten, Anfahrt, Besonderheiten usw. Je nach Entfernung sollte – nach vorheriger Absprache – in der **2. oder 3. Stunde** oder auch außerhalb der Unterrichtszeit ein Besuch vor Ort oder ein Interview mit den Betreiber*innen der Verkaufsstelle durchgeführt werden, um ein umfassenderes Porträt, evtl. mit Fotos, zu verfassen.

- In der **4. Stunde** fügen die Schüler*innen alle Einkaufstipps in einem Dokument zu einem Guide zusammen, der digital an alle Schüler*innen verschickt, ausgedruckt oder auf der Homepage der ganzen Schule zugänglich gemacht werden kann. Gehen Sie vor der Veröffentlichung des Dokuments mit der Klasse noch einmal die Checkliste auf S. 104 durch, um Fehler, Unklarheiten und fehlende Angaben zu vermeiden.

40 KV CHECKLISTE FÜR DEN EINKAUFS-GUIDE

Vor der Veröffentlichung eures Einkaufs-Guides solltet ihr sichergehen, dass alle Informationen vollständig, korrekt und gut verständlich sind. Die folgende Checkliste hilft dabei:

		☑
1.	Wurde jeder Inhalt von mindestens einer anderen Person auf Fehler und Ungenauigkeiten gelesen?	☐
2.	Wurde jeder Inhalt von mindestens einer anderen Person gelesen, um zu überprüfen, ob alle Angaben gut verständlich und vollständig sind?	☐
3.	Habt ihr noch einmal die Namen der erwähnten Geschäfte und ggf. die Inhaber- und Angestelltennamen überprüft?	☐
4.	Sind alle Fotos mit einer Copyright-Angabe versehen?	☐
5.	Stimmen die Öffnungszeiten – und sind alle in einem einheitlichen Format angegeben?	☐
6.	Falls gewünscht: Sind bei allen Inhalten die Autorinnen und Autoren des Einkaufstipps angegeben?	☐
7.	Sind alle Fotos den richtigen Beiträgen zugeordnet oder wurde vielleicht beim Layout etwas vertauscht?	☐
8.	Seid ihr alle richtig zufrieden mit dem Ergebnis?	☐

... dann viel Spaß beim Verbreiten und klimafreundlich Einkaufen!

Abb.: Blätter © SaimonSailent – Shutterstock.com